Gakken
保育
Books

# 「人とのかかわり方」が気になる子の理解と支援

著●仁平説子（臨床発達心理士）

企画・監修●中山幸夫

Gakken

# まえがき

　この本は、「新しい枠組み」から人とのやりとりが気になる子どもを理解し、支援する方法を提案したものです。

　長年にわたり、私は臨床発達心理士として多くの保育者と一緒に仕事をしてきました。一般的な保育が通用しない子どもにどうかかわったらよいかの相談の場で、発達心理の知識や知見を提供するのが私の役割でした。カンファレンスをとおして当面のかかわりの方針が出されました。それを実践するのはもちろん保育者です。うまくいくこともあればいかないこともある。そういった相談の積み重ね、実践の積み重ねで、少しずつ気になる子どもへのかかわり方のヒントが蓄積されていきました。それらがこの本に書かれている支援や対応方法のベースになっています。

　ところが、ここ十数年のうちに事態が変わりました。一クラスに気になる子どもが複数人いるのがあたりまえになりました。保育者が何人いても足りません。子どもたちを理解する時間も支援する時間も限られています。

　巡回相談のたびに、相談したいけど時間的に挙げられないケースがあるという保育者の声を聞くことが多くなりました。子どもの成長を願う保育者は気をもむばかりです。相談機関や病院で診てもらっている子どもばかりではありません。どう理解し、どうかかわっていったらよいか迷いや悩みが増すばかりです。

　巡回相談を重ねていくうちに、私は「保育者が気にかけている子どもたちの中に、共通する特性でくくられるいくつかのグループがあるのでは」と、強く感じるようになりました。保育者からも、「〇くんは卒園した□くんに似ている」「△ちゃんと◎ちゃんはタイプが違う」などの声を聞くようになりました。保育者は、気になる子どもに共通する質や質の違いを鋭く感じとっているようでした。

　私がかつてある療育施設で心理業務に携わっていたとき、「発達障害専門医」の金野公一先生と仕事をご一緒する機会がありました。先生の子どもの診方は納得できるものであり、また、先生の子どもや親御さんへのやさしい心くばりや適切な助言は尊敬に値するものでした。「保育士の言うことは間違いがない」が先生の口ぐせでした。その言葉は、保育者と長年カンファレンスを続けてきた私も納得であり、巡回相談をする際のよりどころでもありました。子どもの健康と成長を願いながら日々の生活をともにする保育者は、子どものいちばんの理解者であると思います。気になる子どもは一律ではないという保育者の発言は、まさに「間違いがない」のです。

　気になる子どもの数が増え、その行動が多様化し、子どもへの理解が追いつかない現状の中で、何かよいアプローチはないものでしょうか。

「共通する特性をもったタイプがわかれば理解が早まり、支援や対応もやりやすくなる可能性がある」──その考えに至り、このたび、タイプ論の方法を使って気になる子どもを4タイプに分けました。子どもを理解する新しい枠組みです。

　分類の基準は、「人についての感度」と「対人交流欲求の程度」です。分けられた4タイプを基準の意味で記述すると、保育現場でよく出会う子どもの姿が浮かび上がりました。このことについては、第1章で詳しく解説します。

　これは医学的な診断分類ではありません。また、子どもの行動をデータ化し、統計的に分析して導かれる特性論でもありません。基準を設定し、その原理からタイプを抽出したものです。

　タイプ論には必ずつきまとう問題があります。それは、すべてがタイプにきちっと分けられるものではないということです。あたりまえのことです。人は独自性と多様性をもった複雑な存在だからです。保育現場でも、はっきりタイプがわかる子どももいれば、そこまででない子ども、どのタイプか迷う子ども、1回で見極めるのが難しい子どもがいるはずです。

　まずは、4タイプがそれぞれどんな様子なのかをお読みください。思いあたる子どもがいたら、その子どものタイプに合った目標や支援を活用していただければと思います。一方で、タイプがはっきりしない子どももいることでしょう。また、日々、さまざまな様子を見せる子どももいることでしょう。そのときは、タイプ別にとらわれず、そのとき必要だと思った支援を参考にしてください。柔軟に活用していただければ幸いです。


　先に述べたとおり、本書に記述されている支援や対応の基本的な方法は、巡回相談の積み重ねから編み出されたものです。これまで数多くの保育者の皆さまと一緒に、子どもの理解と支援について相談を重ねてきました。また、この本の企画の段階でも、仙台市をはじめとする宮城県内のいくつかの保育園、保育所、こども園、療育施設で保育に携われている方々に多大なご協力をいただきました。この本は保育者の皆さまとともに作り上げたものです。心から厚く御礼申し上げます。


臨床発達心理士

仁平説子

# CONTENTS

学研保育用品Webカタログはこちら →

巻末とじ込み **チェックシートⅠ・Ⅱ**
※コピーして使います。
●幼児期前期（2〜3歳児）用
●幼児期後期（4〜6歳児）用

# なぜ人とのかかわり方が気になるのか？

## ◆ 保育する中での最大の悩み

　子どもが活動に入らない・切り替えられない・かんしゃくを起こす・暴れる・固まる・こだわる……といった姿を見せると、保育者は対応に苦慮します。これらの行動は多かれ少なかれどの子にも見られ、思いや気持ちのやりとりをとおして収まっていくことが多いものです。

　しかし、それがどうにもうまくいかないと感じるときがあります。それは保育者の思いが「通じない」とき。声がけしても、しかっても、ほめても、なだめても、それが子どもに伝わった感がもてないのです。「この子わかったのかな??」と、まるでもやの中。手探りでやりとりをしているようです。「わかり合えたように思えても、次はどうなるか……と心もとなさと不安を感じる」「ていねいに対応しても全然伝わっていない」「最終手段として情に訴えかけても子どもの心に響かない」「1対1で話したときは伝わったと思っても、次の瞬間また同じトラブルを繰り返す」と、現場の保育者たちは悩みを語ります。そしてさらに、子どもが強い反応（かむ、髪を引っ張る、にらむなど）を返すと、保育者はその場でわき上がる負の感情と戦いながらも、思わず大声できつくしかってしまうことも。この負のやりとりは、子どもにも保育者にも大きなストレスと疲れをもたらします。

　また、保育者がどう理解したらよいか、戸惑うような行動を子どもが見せることもあります。例えば、急に笑い出す・ニコニコしていた次の瞬間に落ち込む・注意されても次の瞬間ケロっとして笑う・よくわかっているようなことを言っても行動に結び付かない……。こういった姿を目の当たりにして、「どうしてほかの子どもがしない行動をするのだろう？」「どのような気持ちなのだろう？」と、保育者たちは対応に悩みます。

　このように子どもと「通じ合えない」「わかり合えない」ことは、保育者にとって最大の悩みなのではないでしょうか。

## ◆「通じ合えない」ことの意味

通じ合えないことを、どう理解したらよいのでしょうか。

子どもの発達の大切な領域の一つに、「対人関係」があります。その対人関係をつくり上げる基盤を「対人相互作用」といい、それには二つの側面があります。

● 「相互性」・・・思いや気持ちをやりとりすること
● 「共感性」・・・思いや気持ちを分かち合うこと

この対人相互作用がうまくいかないと、「通じ合えない」状態に陥ります。園にはこの相互作用がうまくいっていない子どもたちが少なからず存在し、保育者はかかわり方に迷い、トラブルが起きやすくなります。

## ◆「対人相互作用」がうまくいっていないとどうなるの？

対人相互作用は人と人との関係づくりの基盤です。その本能的な働きによって、乳児期から自然なやりとりが始まります。

しかし、その基盤になんらかの問題があるとき、保護者は「何かしっくりこない」「きょうだいとは違う感じがする」といった思いをもつことがあります。あやすと笑うし、呼ぶと振り向くこともあるし、目が合うときもある。でも、何かが違う・・・・・・。それは言葉には表しにくい違和感です。1歳半・2歳頃になって、家庭以外の人とのかかわりの中でその違和感をより強く感じる場面が出てくることもあります。例えば、健診で保健師さんからいくつか絵を見せられて「車はどれ？」と質問され、いやがって逃げて行く（家ではできるのに）、2歳をすぎた頃から急に人見知りが強くなる（もう人に慣れる頃なのに）、公園に行ってもほかの子どもにまったく興味を示さないで、一人でもくもくとあそんでいる（子ども番組はよく見ているのに）といった姿が挙げられます。

入園すると、ほかの子どもとの行動の違いから、課題がより明らかになります。保育者は、保護者のように愛情込めて保育する一方、多くの子どもを保育している経験の深さ、あるいは、家族とは違う客観的な視点をもっていることで、子どもの課題に気づくことが多いのです。子どもによっては、5〜6歳になって違いがよりはっきりと見えてくることがあります。

そのような子どもは、例えば、どうして友だちに何気ないことを言われただけでひどく落ち込むのだろう？（友だちにそっけない態度をとること

もあるのに）、どうして園ではまったく話さないのだろう（家では話をしていると聞いているが）、どうして友だちの思いが伝わらないのだろう（自分の気持ちは強く主張するのに）‥‥‥といった姿を見せます。

　このように、対人相互作用の課題は、相手との関係や人の環境によって明らかになったり、見えにくくなったりします。

## ◆「特質」が人とのかかわりに影響する

　人が生まれもつあり方を「質」といいます。対人相互作用は質的な働きです。それがうまく働かないと、その「質」になんらかの問題があることを意味します。ここではそれを「特質」と呼びます。

　保育の集団生活の中で、例えば、「座ろうね」と何度声がけしても立ち歩く子どもがいます。指示や注意を繰り返すとますます座らなくなり保育室から出て行く、すみでうずくまる、暴言をはく‥‥‥。そういった姿に対して、保育者は理由を考え、保育室を離れて気分転換する時間をもつ、保育者がそばにつく、落ち着くコーナーを設定する、その子にお手伝いなどの役割をふる、というようにその子に合った対応を模索します。このように、同じ「着席しない」という姿であっても、それぞれに合う対応が違ってくるということは、子どもの「特質」がさまざまであることを示しています。

　保育者の実際の声です。「自分の対応がその子にとって本当に適切なものであるのか、日々悩んでいる」「障がいからくる行動なのか、わがままによる行動なのか、見極めるのが難しい」「その日によってやるときとやらないときの波が大きく、専門的な知識があまりないため、息が詰まる」──悩み深い切実な思いが伝わります。

　また、ある保育者は「各自それぞれの特徴があり、それによって対応も違う」と言いました。その言葉は、まさに「特質」が多様であることを物語っています。本書では、人とのやりとりがうまくいかない子どもたちの「特質」の傾向を整理し、現場の声に応えるべく具体的な保育者のかかわりを提案していきます。

# 第 1 章

# 人とのやりとりが気になる「4つのタイプ」

# 「特質」の多様性を整理して分類

人とのやりとりが気になる子どもたちの傾向を
どのように分類したかを解説します。

## ◆ 人とやりとりするときの心の働きを軸に

　子どもと通じ合えないことは、保育者にとって最大の悩みであるとプロローグで述べました。そのような保育者の戸惑いや悩みの声に応えるためにはどうしたら？　と考えたとき、子どもの特性は多様でそれぞれについて語るのには限界があるので、やりとりがうまくいかない子どもたちの傾向を整理して、それを支援にいかすことができないだろうか、という考えに至りました。

　「特質」をタイプに分ける方法を使って分類するのに、人と人とがやりとりする場面でポイントとなる次の二つを軸にしました[※]。

● 「人についての感度」…人の外見・行動・内面をどれくらい感じ取るか
● 「対人交流欲求の程度」…人とのかかわりにどれくらい関心があり、それをどれくらい求めるか

　人と人が出会ったとき、心の中でどういう動きが起きているでしょうか？　相手を見たとき、すぐ「だれ？」「何するつもり？」「どんな気持ちなの？」といったことが心に浮かびます。それが「人についての感度」です。
　また、人はこの世に生まれ落ちたときから人の中にいて、人からのかかわりを受け、人とのかかわりを求めます。それが「対人交流欲求」です。
人と人との出会いやかかわりは、この二つの心の働きで展開していきます。どちらも、人の中で生きていくのに大切なものです。

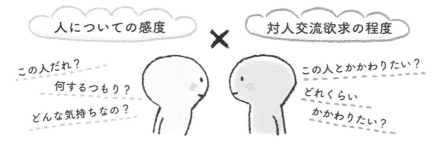

※基準を設けて分類することを「タイプ論」という。

　p.7で述べた「対人相互作用（やりとりと共感）」がうまくいかない子どもが人と出会ったときも、心の中でこの二つの働きが起きています。それぞれの働きを軸として、その度合いから子どもの様子を分類してみると、結果4つのタイプに分類されました。そして、それぞれのタイプに園でよく出会う子どもたちが浮かび上がってきたのです。

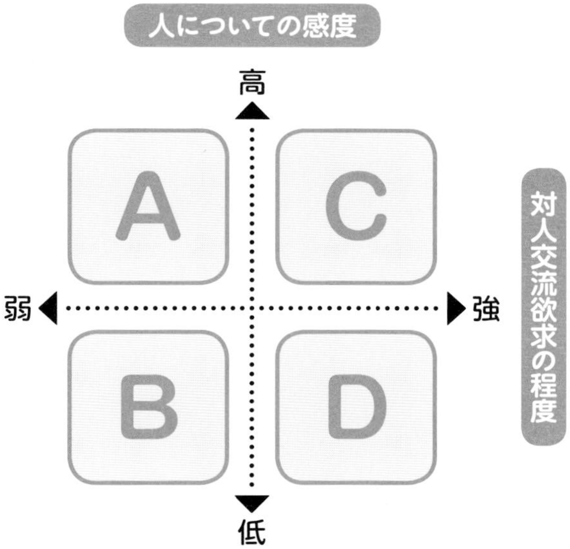

人についての感度

高

A　C

弱　　強

B　D

低

対人交流欲求の程度

　タイプ別に子どもの傾向や、やりとりの特徴をまとめる※と、次のようになります。

● A タイプ…「自分の世界を守る子ども」
　　　　　　人についての感度は高い／対人交流欲求は弱い
　　　　　　⇒"限られたやりとり"になりやすい
● B タイプ…「人よりも興味を中心に生きる子ども」
　　　　　　人についての感度は低い／対人交流欲求は弱い
　　　　　　⇒"自分の中だけのやりとり"になりやすい
● C タイプ…「自分なりの感じ方で人とかかわる子ども」
　　　　　　人についての感度は高い／対人交流欲求は強い
　　　　　　⇒"揺れ動く"やりとりになりやすい
● D タイプ…「自分を中心に人とかかわる子ども」
　　　　　　人についての感度は低い／対人交流欲求は強い
　　　　　　⇒"一方的なかかわり"になりやすい

※「対人相互作用の課題」と「二つの軸の程度」を絡めて各タイプの様子をまとめた。

# タイプ分けを支援にいかす

本書では、浮かび上がってきたタイプそれぞれの理解と支援についてのポイントを述べていきます。その基本となる考え方についてここで説明します。

## ◆ 支援をする意味

　人とのやりとりが気になる子を支援する意味は二つあります。一つは社会経験の学びを促すこと。幼児期の子どもは日中の大半を園で過ごします。そこは家庭とは違い、子どもにとって一つの「社会」という意味をもちます。支援から得られるこの社会経験の学びは、その後の学童期・思春期の学びに続きます。

　もう一つの大切な意味は、「自分を大切な存在であると感じる心」を芽生えさせることです。その心は幼児期後半から芽生え、のちに成長の大きな基盤になります。

　本書では、まず第2章でタイプ分けの手がかりとなるチェックシートの使い方を解説し、第3章からタイプごとに章を設け、各タイプの子どもたちの質を考慮したうえでの成育過程や特徴を解説し、目標や支援内容を提案します。全タイプ共通して、次のようなポイントを押さえていきます。

● 「目標」※…「成育過程の中で、こうなる・このスキルを得る可能性がある」という子ども側の目標（「こうなってほしい・こうならなければならない」という大人側の目標ではない）。人とのかかわりや社会を生き抜くスキルを得ることを中心としたもの。

● 「支援」…各目標に対する支援内容で、保育者の子どもに対する「かかわり方」と「補助手段」。

● 「対応例」…成育過程に沿ったそのタイプの子の姿と保育者の対応を架空例として紹介し、対応に悩んだときのヒントを提示。

　変わりゆく環境の中で子どもは周りを感じながら生き、日々発達・変化していきます。また、子どもの発達はさまざまで、子どもの心は豊かで多面的です。日々の行動に違いや変化もあります。子どもの経過をゆっくりと見ながら様子をとらえ、支援法をぜひ柔軟に組み立ててください。

※知能・言葉・運動・身辺処理などを発達させるための目標は本書では取り上げない。

# 第 2 章

# チェックシートの
# 使い方

# タイプを知るための手がかりに

本書巻末にある「チェックシート」を用いて、やりとりが気になる子どものタイプをつかみましょう。ここでは、そのシートの使い方について説明します。

## ①チェックする

　チェックシートには、園の集団生活における子どもの様子や人とのかかわりについての項目があり、それらが、子どもの対人相互作用のタイプを知る手がかりとなります。チェックは、以下のように行ってください。

● シートは「幼児期前期（2〜3歳児）用」と「幼児期後期（4〜6歳児）用」の2種類。子どもの年齢範囲に該当するシートを使う。
● 評価は3段階（よくある・たまにある・あまりない）。おおまかでよいので、当てはまるところに○をつける。
● 子どもの一日の様子ではなく、一定範囲の期間の様子でチェックする。
● かかわりのある複数の保育者で相談しながらチェックする。

## ②結果からタイプを判断する

　チェックシートにあるNo.1〜No.4の項目すべてをチェックしたら、次のような視点でタイプを判断してください。

● 「よくある」「たまにある」に○が多いNo枠が、その子どもが該当するタイプである可能性がある。
　　No.1→Aタイプ
　　No.2→Bタイプ
　　No.3→Cタイプ
　　No.4→Dタイプ

　第1章で述べた各タイプの傾向や「やりとり」の特徴、第3〜6章で紹介されているエピソードを読んで、その子に当てはまると思ったタイプとチェックシートの結果に大きなズレがなければ、そのタイプであると判断できます。

●複数の枠で、「よくある」「たまにある」に〇が多いときは、「中間的な
タイプ」である可能性が高い。また、チェックシート全体の中で1～2
項目しか〇がつかない場合は、「特質が薄いタイプ」ということになる。
●4枠が同じくらいの〇の数、また、ほとんどの枠に〇がつかないときは、
タイプが特定できないということになる。

チェックシートの項目にある行動が見られるかどうかは、そのとき過ご
している環境や子どもの発達レベルの影響もあります。一度のチェックだ
けでタイプを断定するのは難しいことを前提としてください。

## ③子どもへの対応や支援に活用する

子どものタイプを把握したら、そのタイプの特質を理解し、支援にいか
していきましょう。

●4タイプのいずれかの場合は、該当タイプの章で、そのタイプに合う目
標・支援方法・対応などを参考にする。
第3章（p.17～）：Aタイプ
第4章（p.33～）：Bタイプ
第5章（p.49～）：Cタイプ
第6章（p.65～）：Dタイプ
●中間的なタイプや特質が薄いタイプの場合は、第7章（p.81～）「タイ
プが見極めにくい子どもの理解と支援」を参考にする。また、各タイプ
の解説の中で関係しそうな内容を参考にする。
●タイプが特定できない場合は、子どもの様子を見て、使えそうな支援や
対応の方法を参考にする。

## ◆ 保護者にどう伝えるか

このチェックシートは心理検査でもアンケート調査でもなく、子どもの
特質を理解する手がかりになるものですが、「チェック」という響きから、
「調べられる」「探られる」との誤解が生まれかねません。保護者との個別
面談で共通理解のためにチェックの結果を伝えられるとよいのですが、そ
れをしにくい状況もあるでしょう。入園前の説明会などで、「お子さんを
よく理解するため、どんな行動が見られるかの確認をすることがあります。
その確認をもとに保護者の方と一緒にお子さんの理解を深め、よりよい保
育を行っていきます」というように、事前了承を得るのも一つの方法です。

# 子どもを"みる"ということ

チェックシートを使用するうえで大切にしたい視点について、
押さえておきましょう。

## ◆3つの「みる」

　子どもの行動をチェックするときの前提は、保育者の目をとおしての子どもの姿です。「子どもをみる」というとき、その「みる」には3つの意味があることが考えられます。

　1つ目は「見る」。「目に入ったものをとらえる」ということです。保育者は保育をしながら自然と子どもたちを見ています。子どもがその場にふさわしい行動をしている、楽しんでいる、落ち着かないなど、保育者はその様子を保育の立場でしっかり見ています。その「見た」もので、チェックシートの項目にある行動の確認をします。それだけでも十分ですが、別の「みる」という目が必要になるときもあります。

　それが2つ目の「観る（みる）」。「じっくりとよくみる」ということです。例えば、チェックシートの幼児期前期No.2にある「どの保育者がかかわっても気にかけない」、幼児期後期No.1にある「保育者によって行動や態度が違う」などの項目では、「観る」が必要かもしれません。

　基本的に、チェックシートは「見る」「観る」で行うとよいと思いますが、このシートに頼らず、日々の様子から子どもを理解することもできます。それは「観察」によるものです。

　観察の「察」にも「みる」の意味があります。それが3つ目の「察る（みる）」。「観察」は、"ていねいにみて、その本質を理解する"——つまり「なぜそのような行動をするのか」までをみるということです。今回4つにタイプ分けしていますが、違うタイプなのに表面に現れる姿は同じということがあります。ただ、その本質は違う。例えば、同じ「1番にこだわる」という姿でも、AタイプとBタイプとでは中身が違い、対応も違ってきます。そういった違いを読み取るには「察る（みる）」目が必要になります。

　「察る（みる）」ことができるのは、保育者のこれまでの経験や知識があってこそ。本書で紹介するこの新しい枠組みも、「察る（みる）」ことの一つの手がかりにしてください。

# Aタイプの子の理解と支援

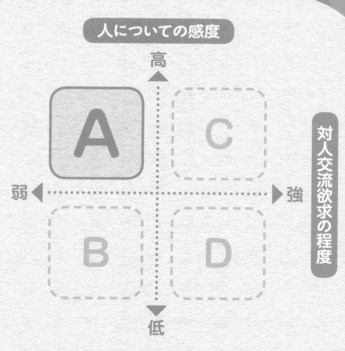

人についての感度

高

A　C

弱 ◀┈┈┈┈┈┈▶ 強

対人交流欲求の程度

B　D

低

人についての感度が高く、
交流欲求が弱いタイプ

## 人がいっぱい、いや！
→詳細はp.28

## ぼくのことをわかってくれる先生に見せよう

## もっとブロックやりたい！
→詳細はp.30

## 知らない子、近寄らないで！
→詳細はp.29

## 見たことがない人がいると入れない……
→詳細はp.30

18

# 子どもたち

しょうか？ その姿を見てみましょう。

3章

Aタイプの子どもの理解と支援

やさしい友だちとあそぶよ。
楽しい！

**ワイワイガヤガヤはいや！
でも、こうすれば
気にならない**

➡詳細はp.31

Aタイプの
子どもは

## 自分の世界を守る子ども

　人とのかかわりよりも自分の世界を守り、大切にします。また、周りの人やそのかかわり方に過敏さをもち合わせています。慣れない人や近づきすぎる人に会うと、視線をそらしてかかわりを避けます。人が多い集まりや活動も避けたがります。一方で、寄り添ってくれる人を「自分の世界を認めてくれる人」と敏感に察し、受け入れます。また、自分の世界をおびやかさない子には近寄ります。

　自分の世界に寄り添う保育者や友だちとの限られたやりとりを通して、集団に慣れていきます。その中でかかわり方を学び、友だちとあそぶ楽しさを経験することがあります。

········· **支援のPoint!** ·········

　キーパーソンは寄り添う保育者です。子どもの関心や気持ち、ペースに寄り添いながら、集団ルールの理解やかかわり方の学習が進むように支援します。また、静かな場所で好きなことができる時間を用意します。

**ぼくが使うの！** ➡詳細はp.31

**かけっこ2番はいやだ！
1番がいい！**

➡詳細はp.32

## Aタイプの子ども タイプに添った目標と支援

Aタイプの「成育目標」と保育者の「支援の基本」をまとめました。
幼児期前期・後期に分けていますが、個々によって育ちが違うため、その区分けにとらわれない
見方をしてください。「個別の指導計画」作成の参考にもしてください。

※目標・支援それぞれの用語説明はp.12参照。

### ◆ 幼児期**前期**（2〜3歳児）◆

#### 目標▶ 人に慣れる

##### 短期目標▶ 大人数に慣れる

持参したおもちゃは登園バッグに
入れてロッカーにしまっておく。

**支援のPoint!**

●慣れるまで、しばらくは落ち着かなさや自由な動きを許容して見守り、時間をかけましょう。
●好きなおもちゃを準備したり、家からお気に入りのおもちゃ（小さめのもの）を持参したりするのもよいでしょう。園ではバッグに入れておきます。

#### 目標▶ 人を受け入れる

##### 短期目標①▶ 家族以外に安心できる大人（保育者）を得る

**支援のPoint!**

●子どもの気持ちや行動に共感し、受容的にかかわる個別対応の保育者を決めます。声がけはおだやかなトーンで短めを心がけて。できれば、1対1で対応できる場所を用意しましょう。

複数の保育者が同時にかかわると混乱するので避ける。

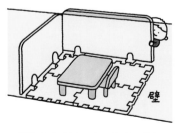

別室やろう下、ホールの一角にその子専用のコーナーを作る。

参考になる教材・遊具➡p.101

子どもが関心をもつあそびを見守りながら寄り添ったり、同じあそびをそばでやってみたりする。また、子どものしぐさや表情、声や言葉を共感的にまねる。

保育者に抱っこや膝の上に乗ることを求めてきたら応じる。

集団から抜け出したり落ち着かなかったりするときは付き添い、運動や散歩などで気分転換を図る。

## 支援のPoint!

●タイミングを見て新しいあそび方をやってみせ、子どもが関心をもったら誘ってみます。子どもが応じなくてもOK。無理にさせないことが大切です。

保育者に何かやってほしそうな行動や身振りが見られたら、言葉で代弁する。

もっとしてほしい様子があったら、コミュニケーションの言葉を添えてそれに応える。

## 短期目標② ▶ 他児と生活を共有する

### 支援のPoint!　●行動やその行動の理由、気持ちを言葉にして伝えましょう。

他児に関心を示す様子があったら、その他児がとっている行動やそこから推測される気持ちを言葉にする。

他児に近寄っていったとき、その理由がわかる場合は言葉にする。

他児や保育者をたたいたとき、「ダメ」と注意しても「ダメ」という言葉だけに反応してしまって学びにならない。気持ちに共感したうえで、それに代わる行動を伝える。

他児が痛い思いをしたときは、たたくのは相手にとってよくない行動であることを伝えるため、「ごめんなさい」を教える。本人が言えないときは保育者が代わりに言う。

### 支援のPoint!

●「今やること」「次にやること」を視覚的に伝えましょう。

写真や絵カードなど、その子が理解しやすいものを使って「やること」や「一日の予定」を伝える。

参考になる教材・遊具 ➡ p.90

### 支援のPoint!

●食事・排泄・午睡などの生活に関する場面は、個別の保育者が付き添い、その子のペースに合わせてゆったりと対応しましょう。保護者との情報共有も大切です。

生活場面は感覚過敏による問題が出やすいので、刺激をどう減らすかといった工夫が必要になることも。

# 幼児期後期（4〜6歳児）

## 目標▶集団生活に慣れる

### 短期目標①▶集団生活の流れを知る

支援のPoint!

●予定表を見せて、予定変更がある場合はあらかじめ伝えましょう。

予定表に変更を加える場合、その子の理解に合わせて絵・文字・マークなどを用いてわかりやすい表示をする。

1週間分の予定表やカレンダーがあると見通しをもちやすい。

| にち | げつ | か | すい | もく |
|---|---|---|---|---|
| 2 | 3 | 4 | 5 | 6 |
| やすみ | りずむあそび | | えんそく | |

始まりと終わりに声をかける、時計を見せる、タイマーなどで知らせるなど、区切りをわかりやすく伝える。

### 短期目標②▶集団生活の流れに合わせる

支援のPoint!

●切り替えに時間がかかることを理解して、時間を多めに取っておくようにしましょう。

●活動の「始まり」と「終わり」を事前に知らせておきましょう。

参考になる教材・遊具➡p.90

## 目標▶集団生活のルールを学ぶ

### 短期目標①▶「待つ」を理解する

支援のPoint!

●「待つ」を視覚的に教えましょう。待つときの多少の落ち着かなさは許容します。

時計の針で示したり、砂時計やタイムタイマーなどを使ったり。

### 短期目標②▶「順番」を理解する

支援のPoint!

●床に並ぶときの順番の番号や立つ位置の印などをはり、並ぶ順番を知らせます。

参考になる教材・遊具➡p.91

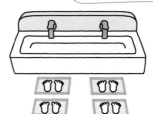

足あととマークやその子のマークをはる。

## 短期目標③ ▶ 自他の区別を理解する

### 支援のPoint!

●席や持ちものすべてに、クラスの子どもそれぞれのマークをはり、それ以外はみんなが使うものだということを伝えます。　参考になる教材・遊具➡p.92

## 短期目標④ ▶ 当番をする

### 支援のPoint!

●初めて当番をする前に、他児が行っているところを何度か見させておくとよいでしょう。

## 短期目標⑤ ▶ 集団活動の内容と流れを知る

### 支援のPoint!

●席は他児の動きが目に入らない前の席がよいでしょう。活動の順番や内容は、できるだけ視覚的に伝えます。

●その子の興味のあるものを活動に取り入れることも検討し、うまくいったり、得意なことに取り組んだりしている姿に「いいね」と声をかけましょう。

活動の順番を数字で示す。

活動内容は、絵・写真、もの、文字・数字などを用いて説明する。

## 短期目標⑥ ▶ 行事を経験する

### 支援のPoint!　●行事について、事前に絵や写真、文字などを使って知らせましょう。

練習と本番の違い（観客の有無など）を、前年度の行事の様子も知らせながら事前にイメージできるようにする。

遠足など外出する行事の場合は、場所や内容を事前予告する。

外出先でのルールやマナーを教える。

●行事の練習に応じるまでには時間がかかるものとして、いやがるときは見学をしたり、外出する行事の参加が難しい場合は園内で休むなど、無理のない参加の仕方を考えましょう。

## 短期目標⑦ ▶ 保育者（クラス担任）の役割を知る

**支援のPoint!**　●保育者がやることや使うものをあらかじめ知らせましょう。

実物を見せながら明確に伝える。

ピアノを触りたいときにどうしたら
よいかを伝えておく。

**支援のPoint!**

●「みんなの」先生であること
を伝えましょう。

自由あそびの時間に話しかけてきたら応
じ、他児にも同様に応じて、みんなの先
生であることを感じ取れるようにする。

**支援のPoint!**

●保育者が活動の話をしているとき、別のこと
を話し始めたら、今は保育者が話す時間である
ことを伝え、あとで話を聞くことを約束します。

言葉で伝えるより、絵で伝えたほうがわかりや
すい子は「静かに」を表す絵カードを見せる。

**支援のPoint!**

●職員室は保育者の部屋である
ことを教えます。

用があるときはノックすることを伝える。

**支援のPoint!**

●困ったときは担任や個別の保育者のと
ころに来るように伝えておきましょう。

困ったときはいつでも頼れることを知
らせ、子どもの安心感につなげる。

# 目標 ▶ 他児とあそぶ経験をする

## 短期目標① ▶ 興味のあるあそびで他児とかかわる

### 支援のPoint!

● ブロックなど共有してあそべるおもちゃを用意します。 参考になる教材・遊具 ➡ p.97

● トラブルがあって他児をたたいたときは、そのときの気持ちを察してから、他児への伝え方を教えましょう。イライラがなかなか収まらない場合は、場を変えて気分転換を。

保育者は「たたいてはダメ」と言わずに、他児にどう伝えたらよかったのかを教える。

たたいた行動について他児に謝る言葉を教える。このとき、相手の目を見て言うことを強要せず、本児が言えないときは保育者が代弁する。

本児からおもちゃを取ってしまった子に対しても対応する。

他児の気持ちを本児に伝える。

## 短期目標② ▶ ルールのあるあそびや協力してあそぶことを経験する

### 支援のPoint!

● ルールのあるあそびや一つのものを作る協同的なあそびのときは、保育者が仲立ちをします。
● ルールは目で見て理解しやすい伝え方を工夫し、
「勝ち」「負け」があることも前もって確認しておきます。 参考になる教材・遊具 ➡ p.93

じゃんけんのルールを絵で知らせる。

「勝ち」「負け」はあるものだということを伝える。

## 目標▶コミュニケーションスキルを身につける

### 短期目標▶コミュニケーションに使う言葉を覚える

**支援のPoint!**

●あそぶときに他児とのやりとりで使う言葉を教えましょう。

> 約束言葉
> 入れて　　　貸して
> あとで　いいよ　ありがとう
> ごめんなさい

自由あそびの前に、あそぶときの「約束言葉」として伝える。

**支援のPoint!**

●困ったときに保育者に伝える言葉を教えましょう。

> 困ったときに伝える言葉
> 先生、教えて　わからない
> 先生、手伝って

日頃から、助けを求めたい場合に使う言葉を伝えておく。

参考になる教材・遊具➡p.95

3章

Aタイプの子の理解と支援

---

## 目標▶ストレス解消の時間を得る

### 短期目標①▶気分転換をする

**支援のPoint!**

●だれもいない部屋やホール、園庭などで、短時間自由に過ごすのを見守ります。

外の空気を吸うことがリフレッシュになることも。

### 短期目標②▶好きなあそびを十分する

**支援のPoint!**

●室内では好きなあそびをし、他児の動きや声が気になる様子であれば、区切った空間や別室であそべるようにしましょう。

参考になる教材・遊具➡p.101

●自由あそびから次の活動への切り替えに、少し時間をとっておきます。時計を見せて事前予告をしたり、切り替えのきっかけになる行動（手を洗うなど）を入れたりして、見守りながら待ちましょう。

参考になる教材・遊具➡p.90

---

## 目標▶個別の時間を得る

ときどき新しいあそびを保育者が提案し、関心を示したら応じる。

### 短期目標①▶個別の保育者との1対1のかかわりをもつ

**支援のPoint!**

●静かな場所を準備し、時間を決めて保育者と1対1で好きなあそびをする時間をつくりましょう。

> このゲームやってみる？
> 同じ絵を見つけるの

### 短期目標②▶個別の保育者と話をする

**支援のPoint!**

●質問攻めにしたりせず、本児が自発的・思うがままに話すことに耳を傾けます。

> げーむ
> たんじょうび
> もらった
> お
> たんじょうびにゲームをもらったんだ！

文がつながらないときは、補足しながら共感的に返す。

# Ａタイプの子への対応例
## 〜園生活の中のエピソードから〜

子どもの日々の生活は変化に満ちており、常に同じとは限りません。理解しながらかかわっていても、対応に迷う事態に向き合うことはまれではないでしょう。ここではエピソードを用いて、Ａタイプの子の気がかりな姿への対応例を挙げていきます。
※エピソードは架空のもので、それぞれのタイプによく見られる経過と出来事をもとに作成。

## ◆ 誕生〜入園まで ◆

　Ａくんは眠りが浅くて泣いていることが多く、あやそうとして抱っこすると反り返りました。人見知りが激しく、たまに手伝いに来るおばあちゃんの顔を見ると顔を背けました。結局お母さんは睡眠不足になりながら、一人で育児をするほかありませんでした。1歳6か月健診では会場を動き回り、保健師が行う発達課題では、すぐその場から離れてしまいました。外出時はお母さんと手をつなぐのをいやがり、興味のあるものを見つけるとすぐ走り出す子でした。

## ◆ 入園後 ◆

### エピソード① 「人がいる保育室に入れない」

**Ａくんの姿**

　2歳で入園する当日は大泣きで、その後の慣らし保育でも、お母さんが来るまでろう下で泣いているか、園庭の柵沿いに走っているかで、保育室には誘っても抱っこしても入ろうとしませんでした。個別に対応する保育者と初めて対面したときは、とっさに腕で目を覆ってしまいました。

**保育者のかかわり**

　事前にお母さんからＡくんは車が好きだと聞いていたので、ろう下のあそびコーナーでミニカーを使ったあそびに誘いました。Ａくんは興味をもって応じ、寝転んでタイヤの動きを見たり、車を一列に並べたりしました。徐々に表情が柔らかくなりました。保育者はそばで見守るようにしました。

　**Ａくんのあそびに添って同じようなあそびをすると、視線**

を向けて笑顔になりました。

　また、「楽しい」「びっくり」などのしぐさや表情を受けて同じように返すと、保育者に視線を向けました。

　そのうちAくんは、保育者の膝の上で車の絵本を読んでもらいたがるようになりました。その要求に保育者が言葉を添えているうちに、Aくんは「読んで」と言葉で伝えるようになりました。

　また、保育者が紙に道路を描いて車を走らせるあそびに誘うと応じ、あそび方が広がる中で、簡単なやりとりができるようになりました。**ときどき一緒に保育室を見に行きました。**ろう下から他児の活動をじっと見る姿があり、保育者と一緒であれば、保育室に入ることもできるようになりました。

【発達心理の視点から】
1歳前後から、見知らぬ人に会ったとき、子どもはよい人かどうかを大人の顔を見てうかがいます。それを「社会的参照」といいます。Aくんにはそれがありません。複雑で予測が難しい人を目をふさいで避けるしかありません。初めての人を受け入れるきっかけとなるのは、「共同注視（同じものを一緒に見ること）」を介するかかわりです。

## エピソード② 「クラスが変わると落ち着かない」

ぼくもだっこ～！

**Aくんの姿** 年少クラスに進級して担任やクラスメイトが変わると再び落ち着かなくなり、着席できなくなりました。また、興味のない活動やお集まりの時間になると個別対応の保育者に抱っこを求め、他児が来るとかみついたり、押し倒したりする姿が見られるようになりました。

### 保育者のかかわり

　担任の保育者は**全員の席にそれぞれその子専用のシールをはりました。**Aくんは好きなシールが席にはってあったので、座ることが増えました。

　また、保育室の隅に**Aくんのコーナーを作り、席に座れないときはそこにいるよう**促しました。落ち着きが増していきました。保育者に抱っこを求めて他児と争うときは、「**先生のおひざ半分こ**」と声がけをすることで、乱暴な行動も減っていきました。

【発達心理の視点から】
初めて会う大人と初めて会う子どもがいます。どちらを受け入れやすいでしょうか。子どもは自分と共通の属性をもつ子どもを受け入れやすいといわれています。人の変更に敏感なAくんは一時期それもできなくなります。居場所が確保される、また、いつもの個別の保育者がよりどころになることで、徐々に新しいクラスに慣れていきます。

## エピソード③ 「切り替えられない」

**Aくんの姿** クラスの活動から活動への切り替えが難しく、しばしばパニックを起こしました。初めての場所に行くときは、事前に知らせていても抵抗を示すことがありました。

### 保育者のかかわり

パニックの理由や程度に応じて、「まだやりたかったのね」と共感の声がけをする、場所を変えて見守るなどの対応をしました。同時に、**次の活動を示す絵カードを見せる、前もって次の活動を示す**対応を取り入れ、パニックは徐々に減っていきました。また、初めての場所へ行くときに**お気に入りのものを握りしめるように**促すと、緊張が和らぐようでした。

**【発達心理の視点から】**
Aくんは自分のペースをもち、また、初めてのことや人の変化を受け入れにくいため、集団のペースと合わなくなります。パニックの原因です。3歳を過ぎると、子どもは「見通す力」をもち始めます。事前予告と次の活動を視覚的に知らせることが有効になります。それでも「初めて」にはストレスを感じます。Aくんのペースを見守ることも大切です。

---

## エピソード④ 「見知らぬ人がいると固まる」

**Aくんの姿** ある日登園したAくんが園の入り口で立ちつくしていました。声をかけても無表情で固まったままで、何も答えません。個別対応の保育者が園庭に誘って虫の話題をふるうちに表情が和らぎ、やっと園内に入りました。ところが、保育室の前でまた固まってしまいました。

### 保育者のかかわり

前日からクラスに入っていた保育実習の男性が元気な声で子どもたちにかかわる人だったので、それがAくんには負担だったのかもしれないと保育者は考えました。そこで、Aくんに実習生の役割と実習期間について話し、実習生にもあまりAくんに近寄らない、近くにいるときは大声で話さない、チャンスがあればAくんの興味に寄り添うなどの協力を求めました。個別対応の保育者がそばにいなくても集団活動の参加が増えていた時期でしたが、**再びその保育者と一緒に実習生が視界に入らない席に座ることにしました。**

数日は緊張していましたが、園庭で**実習生が捕まえた虫にAくんが関心を寄せた**のをきっかけに、実習生への緊張がとけて、Aくんからかかわりを求めるほどになりました。

【発達心理の視点から】
子どもは威圧感のある人を見たとき驚き、緊張・恐れの状態となります。強い緊張を心が担い切れず、Aくんは身体が動かない状態になります。「フリーズ（固まる）」といいます。その状態を解くには、距離をとりながら見慣れさせ、そして、その人がAくんの関心事に歩み寄ることです。寄り添われることで負担が軽くなっていきます。

## エピソード⑤ 「にぎわいが苦手」

**Aくんの姿**

年長児になって活動に参加することが増えましたが、にぎやかな遊戯や運動活動に入ることは少なく、パーティションで区切ったスペースで過ごしました。ただ、発表会の練習で好きな歌が始まると、出てきて一緒に踊りました。好きな活動だとにぎわいが気にならないようでした。

少しずつ取り組む活動が増え、自由な外あそびでは、一人で園庭のへりを散策したり、虫を捕ったりを楽しんでいる姿がありました。

### 保育者のかかわり

自由に好きなあそびを楽しんでいるのは、**集団にいる気疲れやストレスを解消している意味もあると考え、保育者は静かに見守って**いました。

【発達心理の視点から】
人の集まりのにぎわいはAくんの感覚を刺激します。それをさえぎる場所があれば落ち着きます。でも、にぎわいの中でも好きな活動には参加します。一つのことに意識が集中するとほかに注意が向かなくなるのです。それを「シングルフォーカス」といいます。それでも集団はにぎわいの連続です。好きなあそびや静かに過ごす時間を見守りましょう。

## エピソード⑥ 「言葉よりも手や足が出る」

**Aくんの姿**

他児への関心が増して、みんなが集まってあそんでいるところを見たり、いつの間にか輪に入って同じあそびをしたりすることが増えていきました。すると、やりとりがうまくいかずに、手や足が出てしまうトラブルがときどき発生しました。

### 保育者のかかわり

トラブルには個別の保育者が調整に入りました。いきさつを聞き、他児とAくんの気持ちを受け止め、**そのときどうふるまえばよかったか、どう言えばよ**

かったかを教えました。ただ、他児が痛い思いを
したことについては、Aくんに謝るよう促しまし
た。他児がAくんを責めたときは、「今、Aくんは
仲よくあそぶ練習をしているところなんだ」と説
明しました。

また、保育者は「貸して」「あそぼう」「ありが
とう」「ごめんなさい」など、友だちとかかわる
うえでの言葉のルールを教えました。気持ちが高
揚するとまだ手や足が出ましたが、落ち着いてい
るときは「貸して」などと言うようになりました。

## エピソード⑦「1番になれないとパニック」

**Aくんの姿**
Aくんは走るのが得意で、運動会の練習で1番
になれないとパニックを起こしました。運動会
当日も、1番になれなかったことで大泣きをしました。

### 保育者のかかわり

運動会の前に、いろいろな1番があることを伝えま
した。

当日泣いてしまったAくんに、保育者は「1番にな
りたかったね」と共感する言葉をかけ、「がんばった
ことが1番」と付け加えました。Aくんは練習のとき
よりも早く泣き止みました。

【発達心理の視点から】
5歳前後から協調性や競争心、自制心などが芽生えてきます。Aくんの競争心は順位のつ
く運動会のかけっこで顕著になります。1番になることへこだわりが出てきます。「競い
合う」スリルの楽しさを感じることは難しく、わかりやすい「1番」にこだわるのです。
1番だけではないこと、いろんな1番があることを受け入れていくことになります。

## ◆卒園を前に◆

虫や恐竜への関心が続いていたので、活動にそれらのテーマを入れる時間を設けました。
するとそれが、他児から一目置かれ、保育者に認められる機会になり、この経験が自尊心
の芽となりました。それもあってか、卒園まで落ち着いて過ごすことができました。

# Bタイプの子の理解と支援

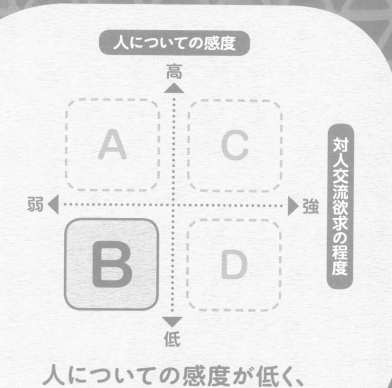

人についての感度が低く、交流欲求が弱いタイプ

こうすれば光るよ。
やった！ もう1回！
➡詳細はp.44

持って行けば、
先生が読んでくれる
➡詳細はp.45

絵本を
読んで
もらいたいの
かな？

みんなとあそぶより、
一人であそぶのが楽しい！

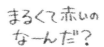

まるくて赤いの
なーんだ？

りんご!!

り…

あれ？
わたしが答えるん
じゃないの？

お話し楽しいな
➡詳細はp.46

早く
行こうよー！

➡詳細はp.45
電車が踏切を通るのを
見たくてたまらない

何もすることがない。
友だちにギュ！しよう

→詳細はp.47

大きい声を出すと、
先生が「シー！」ってする。
おもしろい！ もう1回！

→詳細はp.47

シー！

わ

### Bタイプの子どもは

## 興味を中心に生きる子ども

　人とのかかわりよりも、自分の興味関心を大切にします。また、周りの人の存在を感じにくい面をもち合わせています。要求をかなえるために人の手を使ったり、突然人に向かって話しかけたりすることがありますが、人そのものを感じていないかのようです。

　人にかかわりを求めることはなく、一人あそびを好みます。支援を受けているうちに、集団のルールの知識が増え、活動参加がスムーズになります。周りが見えてくると、あそびに友だちを組み込んだり、友だちが困る行動をしてその反応を楽しんだりすることがありますが、やりとりは自分の中で完結し、自分だけの楽しみになりがちです。

·········· 支援のPoint! ··········

　キーパーソンは、付き添いながら物事を教える保育者です。時間をかけて集団ルールについて個別に伝え、興味のあることに没頭する時間を用意します。

時間どおりにするんだ

でき上がり！
うれしいな！

→詳細はp.48

# タイプに添った目標と支援

Bタイプの「成育目標」と保育者の「支援の基本」をまとめました。
幼児期前期・後期に分けていますが、個々によって育ちが違うため、その区分けにとらわれない
見方をしてください。「個別の指導計画」作成の参考にもしてください。

※目標・支援それぞれの用語説明はp.12参照。

## ◆ 幼児期前期（2〜3歳児）◆

## 目標▶ 人がいる環境でおだやかに過ごす

### 短期目標① ▶ 集団の中で落ち着いて生活する

**支援のPoint!**

●入園前に、本児に場所見知りがあるかどうかを保護者に確認します。ある場合は、園や保育者の写真を事前に本児に見せておくよう、保護者に協力を求めましょう。

●園内に入ることを渋る場合は、家からお気に入りのものを持参することも検討します。

●しばらくは活動に乗れなかったり、ウロウロしたりする姿を受け止め、見守ります。

園の外観や保育室、わかれば担当保育者の写真などを、家庭で前もって見せておく。

### 短期目標② ▶ 集団生活の内容を知る

**支援のPoint!**

●保育者がそばで伴走するように活動に導きます。

●「今やること」や「次にやること」、一日の予定を視覚的に伝えましょう。

参考になる教材・遊具➡p.90

数字に興味がある場合は、数字を入れたカードを使うとよい。

**支援のPoint!**

●声がけは、はっきりとした口調で短めになるよう心がけます。クラス全体に向けての指示のほかに、個別にも声をかけましょう。

その子が理解しやすい言葉で、個別にフォローを。

36

### 支援のPoint!

●活動の切り替えに時間がかかることを受け止めましょう。その子のペースを尊重しながら、タイミングを見て活動の参加を促します。

### 支援のPoint!

●生活習慣が身につくまで、そばで繰り返し教えましょう。

他児の行動を見せて、活動に誘ってみる。

登園後の荷物の整理を教える。

## 短期目標③ ▶ 他児の存在を意識する

### 支援のPoint! ●他児と一緒のあそびや交互あそびの場面をつくる。

他児と同じあそびを楽しむ。 参考になる教材・遊具➡p.97

他児を意識するあそびを。 参考になる教材・遊具➡p.99

**支援のPoint!** ●他児の名前を意識できるよう働きかけましょう。

朝の会の出席をとる場面で、他児の名前が呼ばれるのを意識できるような声がけをする。

他児にかかわるときに名前で呼ぶことを教える。

## 短期目標④ ▶ 要求手段を増やす

**支援のPoint!** ●言葉がなかなか出ないときは、指さしや行動表現による要求を受け止め、その意味を代弁します。

子どもの要求を言葉に置き換える。それを本児が言えなくてもOK。

## 短期目標⑤ ▶ 一人あそびを十分にする

**支援のPoint!**

●一人であそぶことに集中しているときは、危険なことがない限り見守りましょう。

**支援のPoint!**

●一人あそびからの切り替えには時間がかかるものとして、次の活動に使うものや活動の絵や写真を見せて知らせましょう。

参考になる教材・遊具➡p.90

周囲に他児がいるところでくるくる回るときなどは、場所を移動。

次の活動内容が目で見てわかるように伝える。

# 幼児期後期（4〜6歳児）

## 目標▶集団生活のルールを知る

### 短期目標①▶集団生活の流れを知る

**支援のPoint!**

●個別の予定表を用意して、戸惑いがあるときや応じにくいとき、それを見せましょう。

●応じにくさが強く出るときは、活動内容の絵を示しながら保育者が伴走するように導きます。

ワンテンポの遅れも受け入れながら、その子が自ら動き出すのを待つ。

音楽が終わるまでにかたづける。

### 短期目標②▶集団生活の流れに合わせる

**支援のPoint!** ●活動の「始まり」と「終わり」を明確に示しましょう。

### 短期目標③▶「待つ」を理解する

**支援のPoint!**

●短期的な「待つ」は、時計やタイムタイマーなどを用いて視覚的に教えましょう。

参考になる教材・遊具➡p.90

●長期的な「待つ」については、予定表やカレンダーを見せながら、曜日や時間についての言葉を教えます。

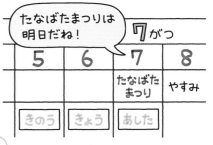

文字に関心がある子、少し読めるようになってきた子には、「きょう」「きのう」「あした」などを文字でも示しながら伝える。

数えることを楽しみながら、「待つこと」の理解につなげる。

### 短期目標④▶「順番」を理解する

**支援のPoint!**

●床に並ぶときの順番の番号や立つ位置の印などをはり、並ぶ順番を知らせます。数に興味がある場合は、並んだ子どもの人数を数えるように促します。

参考になる教材・遊具➡p.91

## 短期目標⑤ ▶ 自他の区別を理解する

写真を見せながら名前を教える。

### 支援のPoint!

●席や持ちものすべてに、クラスの子どもそれぞれのマークをはり、それ以外はみんなが使うものだということを伝えます。　参考になる教材・遊具➡p.92

●他児に呼びかけるときは「〜ちゃん」「〜くん」、自分のことを言うときは「ちゃん」「くん」をつけないことを教えます。

●他児の名前と顔を一致させて覚えられるように支援しましょう。

## 短期目標⑥ ▶ 当番をする

### 支援のPoint!

●初めて当番をする前に、他児が行っているところを何度か見ておくとよいでしょう。保育者もそばについて、手本を示します。

保育者のまねをしながら、当番の仕方を覚える。

### 支援のPoint!

●日めくり当番表のほかに、次にいつ当番がくるのかの見通しがもてるような表示も工夫します。

1週間単位で表示する当番表で「次」の見通しをもつ。

## 短期目標⑦ ▶ 集団活動の内容と流れを知る

話をする前に注目を促す声がけを。

### 支援のPoint!

●席は他児の行動が手本となるよう、後方がよいでしょう。保育者が話をする前に、注目を促す声がけをします。活動の順番や内容は、できるだけ視覚的に伝えましょう。

●その子の興味のあるものを活動に取り入れることも検討し、うまくいったり、得意なことに取り組んだりしている姿に「いいね」と声をかけましょう。

## 短期目標⑧ ▶ 行事を経験する

### 支援のPoint!

●行事について、事前に絵や写真などを使って知らせましょう。行事の練習に応じるまでには時間がかかるものとして、いやがるときは保育者の手伝いを頼むなど、無理のない参加の仕方を考えます。

### 支援のPoint!

●外出先で過敏に反応するものがないかどうかを調べておきましょう。

終わったら、うまくできていたところを伝える。

踏切、騒音の程度など、その子が過敏に反応するものがありそうな場所を確認しておく。

# 目標▶ 自分と相手の関係を意識する

## 短期目標①▶ 身体的な対人距離感を学ぶ

**支援のPoint!** ●他児や保育者との程よい距離感やスキンシップの仕方などを教えましょう。

参考になる教材・遊具➡p.94

視覚的に示したり、距離感を体感できる動作を入れたりする。

他児との適切なスキンシップを教える。

4章

Bタイプの子の理解と支援

**支援のPoint!** ●過度なスキンシップで他児がいやがる様子を見せたときは、視覚的なアイテムも使って冷静に対応します。

参考になる教材・遊具➡p.100

ふざける行動が止まらなくなったら、その場から離す。その子にとってそれが保育者の気を引く行動とならないよう、注意はしないのがポイント。

体などを触られて他児がいやがるとき、表情カードを見せる方法も。

参考になる教材・遊具➡p.100

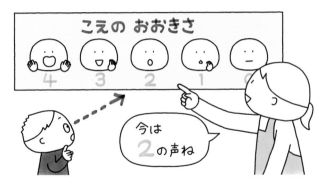

**支援のPoint!**

●声が大きすぎたり小さすぎたりするときは、ちょうどよい声量を教える。

参考になる教材・遊具➡p.94

声のボリューム表を見せる。

## 短期目標②▶会話の仕方を学ぶ

**支援のPoint!** ●他児の会話に注目するように働きかけたり、本児の興味のあることを話題にしたりして、会話を楽しむ機会をつくりましょう。

オウム返ししたり、無関係の返答をしたりしたときは否定せず、返答の選択肢を示して本児が選べるようにする。保育者が手本を示しても。

文字が読める場合、絵本の中のせりふを読み合わせしても。

園庭では、例えば本児を追いかけっこに誘い、他児とつなげる。

## 短期目標③▶興味のあるあそびで他児とかかわる

### 支援のPoint!

●ブロックなど共有してあそべるおもちゃを用意します。平行あそびが見られることもありますが、保育者が本児と他児とをつなぐ役割で入る機会もつくりましょう。

参考になる教材・遊具➡p.97

## 短期目標④▶友達とやりとりする力をつける

### 支援のPoint!

●あそぶときに他児とのやりとりで使う言葉（「入れて」「貸して」「ありがとう」など）を教えましょう。
●他児にうまく伝えられない場面では、気持ちを察して伝え方を教えます。

本児の気持ちを言葉にする。

## 短期目標⑤▶「協力」することやあそびのルールを学ぶ

協同的なあそびの場面で、保育者や他児の手伝いが経験できるようにする。

### 支援のPoint!

●ルールは目で見て理解しやすい伝え方を工夫しましょう。
●一つのものを作る協同的なあそびやルールのあるあそびのときは、保育者が仲立ちをします。

## 短期目標⑥ ▶ 保育者（クラス担任）の役割を知る

**支援のPoint!**

●保育者がやることや使うものをあらかじめ知らせましょう。言葉だけで伝わりづらい場合は、視覚的に示します。

保育者を表す絵やマークで示す。

**支援のPoint!**

●「みんなの」先生であることを伝えましょう。

●保育者が話しているとき別のことを話し始めたら、保育者が話す時間であることを伝えます。ポツンと言葉を発したときはコミュニケーションの意図はなく、ひとり言です。本児に対する他児の否定的な見方につながらないような配慮が必要です。

## 短期目標⑦ ▶ 困ったときに保育者に助けを求める力をつける

**支援のPoint!**

●困ったときに保育者に伝える言葉（「先生、手伝って」「教えて」など）を教えましょう。

参考になる教材・遊具 ➡ p.95

●保育者に視線を送ってきたときは、その意味を言葉で表します。

「これ したい」って言ってね

本児の気持ちを想像し、言語化する。

---

# 目標 ▶ 自分の好きなことに集中して取り組む

## 短期目標① ▶ もくもくとあそぶ

かたづけたら"終わり"

「これをしたら終わり」という合図になる行動。

**支援のPoint!**

●時間を決めて、一人であそぶ時間を見守ります。集中できるよう、個別のスペースを用意するとよいでしょう。

参考になる教材・遊具 ➡ p.103

●一人の時間から切り替える際の行動パターンを決めておきましょう。

## 短期目標② ▶ 好きな場所・ものを見ることで気持ちを切り替える

**支援のPoint!**

●気持ちの切り替えが難しくなったとき、園内の好きな場所に短時間行くことを受け入れ、見守りましょう。

自分の気持ちのコントロールの方法を知ることにもつながる。

# Bタイプの子への対応例
## ～園生活の中のエピソードから～

子どもの日々の生活は変化に満ちており、常に同じとは限りません。理解しながらかかわっていても、対応に迷う事態に向き合うことはまれではないでしょう。ここではエピソードを用いて、Bタイプの子の気がかりな姿への対応例を挙げていきます。
※エピソードは架空のもので、それぞれのタイプによく見られる経過と出来事をもとに作成。

## ◆ 誕生～入園まで ◆

　乳児期は、夜決まった時間に理由のわからない泣きがあった程度で、おとなしく育てやすい赤ちゃんでした。ただ、おなかがすく時間になっても泣かず、また、人見知りがないなど気になるところがありました。1歳頃「マンマ」と言葉が出ましたが、増えていきませんでした。散歩の途中で踏切の警報の点滅をじっと見たり、家で扇風機を飽かずに見たりすることがありました。1歳6か月健診では、発語の少なさを指摘されました。

## ◆ 入園後 ◆

### エピソード① 「同じ行動を繰り返す」

**Bくんの姿**

　2歳で保育園に入園したBくんは、ドアの開閉や電灯のスイッチのオン・オフを繰り返しました。1回だけでよいことを伝えてもやめることはなく、**動きを止めようとすると奇声が止まらなくなりました。**

**保育者のかかわり**

　保育者が、Bくんに砂時計やオイル時計、感覚あそびのおもちゃを見せると、**注意を向けました。**自由あそびの時間にもそれらを楽しむようになると、ドアの開閉などを繰り返す行動は減っていきました。

　また、**電灯のスイッチ操作は保育者がするものだと知らせるために、スイッチに保育者の顔マークをはると、**点滅あそびをしなくなりました。

Bくん
もうやめようね

**[ 発達心理の視点から ]**
「コンピテンス」という概念があります。環境とやりとりする能力で、その結果が出ると効力感（やった！）を得ることができます。人に関心が薄いBくんはものとのやりとりで効力感を得ています。「スイッチを押すと点滅する！」のです。繰り返し行い中断をいやがります。Bくんの好む規則的連続的動きをする玩具で、切り替えを図ります。

## エピソード② 「要求に言葉を使わない」

**Bくんの姿** Bくんの言葉の数は3歳頃に急増しました。色や数字・文字・ものの名前が大半でした。また、例えば「絵本を読む？」という問いかけに対して、「絵本を読む」とオウム返しで答えるようにもなりました。

ただ、自分から要求の言葉を言うことはなく、要求するときは、保育者の手を取り絵本を取ってもらう、好きな絵本を出して保育者に察してもらうというように、動作やしぐさで表しました。

### 保育者のかかわり

保育者は、Bくんの要求に言葉を言い添えるようにしました。保育者が教えるせりふをBくんがそのまま言っているうちに、要求に言葉を使うことが少しずつ増えていきました。

【発達心理の視点から】
覚えた言葉がコミュニケーション機能に結び付いていないため、動作や身振りでの要求になります。それを結び付けるためには、「パターン学習」が適当です。「このようなときはこういう言い方」と手本を示します。少しずつ適切に使うことができるようになります。パターンで覚えていくうちに意味を理解するようになります。

## エピソード③ 「興味に強くひかれる」

**Bくんの姿** Bくんは集団活動中、車の音が聞こえると必ず見に行くなど、周りの状況とは関係なく自分の興味で動いてしまうことがありました。散歩では、近隣の駐車場にお気に入りの車種の車を見つけると、見とれて声がけしても動かなかったり、また、踏切にかけ寄り、電車が通るまで動かないことがありました。声をかけてもまったく反応しないため、体を抱えてその場から離そうとしましたが、大きな声を上げて暴れました。

保育室での活動中に車を見に行くときは、声をかけておけばしばらくすると戻ってくるため、保育者は見守っていました。散歩については、Bくんに先の見通しがつき、散歩の目的や約束を理解する力が出てくるまでコースを変更することにしました。

### 【発達心理の視点から】

ものに関心を強くもつBくんは、それが目や耳に入るとその場に行きたい衝動にかられます。園外でそのような場面があると、目的物まで危険をかえりみずどんどん近づいて行ってしまいます。声がけがまったく入らなくなり、体で止めようとすると大暴れします。Bくんは「危険認識」が弱いことを常に念頭におきましょう。

## エピソード④「会話が成立しにくい」

まるくて赤いのなーんだ？

りんご!!

り…

あれ？

わたしが答えるんじゃないの？

**Bくんの姿** 4歳になり、Bくんから他児に話しかける場面も出てきましたが、相手の返答を期待する様子はなく、自分で返答らしきことを言う姿が見られました。ときには、他児がいつもの答えを返してくれるまで追いかけることもありました。

また、「きのう、おうちで何をしてあそんだの？」といった日常的な問いかけに答えることが苦手で、そういう場面になるとすっと席を立ってどこかへ行ってしまいました。

### 保育者のかかわり

Bくんと他児とのやりとりで、必要なときは保育者が仲立ちをして会話の手本を示すようにしました。

また、「きのうはおうちでブロックをしたのかな？　それともお出かけしたのかな？」というように、選択式の質問にすると答えやすくなりました。

「まちがいさがしの本だよ」と言おうね

なんの本見てるの？

### 【発達心理の視点から】

要求語を使うことができても、会話はハードルが高いです。やりとりだからです。パターンで覚えた一往復の会話（「これ何？」⇒「りんご」など）は可能になりますが、それを機に会話が続くことはありません。自己完結の会話、他児は返答の道具となりやすいです。この段階では、思い浮かべながら経験を語る、理由を語るのはさらに難しいです。

## エピソード⑤「気を引く行動をする」

**Bくんの姿** Bくんが大声を発したときに保育者が注意すると、その様子をおもしろく感じたらしく、何回も大声を出して保育者の注意を引こうとしました。

### 保育者のかかわり

Bくんにとって、この一連のやりとりがあそびになっていると感じた保育者は、取り合わないようにしました。すると、すぐ収まるときと、取り合わなくてもその行動が長引くときがありました。**保育者はBくんの注意が別のほうに向くよう、違うあそびに注目するように促したり、手伝いを頼んだりして、切り替えを図りました。**

【 発達心理の視点から 】

かまってもらいたくて気を引く行動をするわけではありません。「コンピテンス」（p.44参照）の対象がものから人へ移行したのです。相手が怒ると効力感を得ます。相手の感情理解が難しいため、楽しいあそびと感じ繰り返します。保育者が相手であれば適切な対応がとれますが、他児が対象になると難しくなります。一度場面を変え、他児を視界に入れない対応になります。

## エピソード⑥「突然人の体を触る」

**Bくんの姿** 5歳を過ぎたころ、活動の合間など何もすることがない時間に突然女児に抱きつく、保育者の足を唐突に触るといった行動が見られるようになりました。心地よい感覚なのか、かかわりの表現なのか、理由はわかりませんでした。

### 保育者のかかわり

まず、女児から離して困った表情の絵カードを見せました。その後、Bくんが**興味をもつあそびに誘うか、保育者の手伝いをお願いすることで気をそらしました。**強くしかると「しかられた」という気持ちしか残らないので、そのようなかかわりは避けました。

女児に対しては、そのときの**気持ちに共感し、**Bくんの行動は女児とあそびたかったためかもしれないという動機や、**Bくんは友だちとのかかわり方の練習中であると話しました。**

こういった対応は、Bくんと女児が一緒だとBくんが同じ行動を繰り返すきっかけになってしまうため、別々に行いました。

保育者の足を触ったときに強い口調でたしなめたり、「あらら」と笑顔で返したりするとその行動が増えてしまったので、**すばやく身をかわして取り合わないようにしました。**身体距離を学ぶ時期でもあったので、絵を使って、「友だちとあそびたいときは"あそぼう"と言います。体に触りません」「友だちや保育者とは手をつないだり、ハイタッチをしたりするだけ。抱っこはお母さん」などと教える機会をもちました。

**【発達心理の視点から】**
意思や感情をもった全体像としての人の認識が弱いため、体の一部を触ることがあります。もののように顔に触るとか、耳に指を入れるなどは幼児期前期から見られますが、人の認識が進むと他児とのかかわりを意図している可能性もあります。パーソナルスペースを意識させるとともに、かかわりのスキルの学習を進めましょう。

## エピソード⑦「独特の動作をからかわれる」

**Bくんの姿**　Bくんは楽しいことやうまくいったことがあると、その場でピョンピョン跳んだり、手をパタパタさせたりします。それを見た他児が「何してるの？　へん！」と言ったり、Bくんのまねをしてふざけたりすることがありました。

**保育者のかかわり**

保育者は、他児にその動作の意味を話しました。「楽しかったからピョンピョンしているんだよ」「だれだって楽しいと体が動くね。へんではありません。それをまねされるといやな気持ちになります。いやな気持ちになることをお友だちにしません」ときっぱりと話しました。保育者のいつもより毅然とした言い方に、他児のからかいはなくなりました。

**【発達心理の視点から】**
感情が高ぶったときに手ばたきしながらジャンプ、また、手をヒラヒラさせることがあります。幼児期前期によく見られた、くるくる回る、どこまでも走っていく、ブランコやトランポリンを好んだのと同じように、心地よい体感覚を楽しんでいる可能性もあります。Bくんの尊厳を守るため、倫理的観点から他児に対応をしましょう。

### ◆卒園を前に◆

卒園の数か月前、瞬きチック（目をパチパチするなどの身体反応。ストレスも原因の一つで、それが除かれると短期に解消することもある）が出てきました。病院を受診すると、注意するとそれがまたストレスとなって強まるので注意しないこと、周りが気にしないこと、ストレスの少ない環境をつくることなどを医師から助言されたとお母さんから報告がありました。園でも医師の助言どおりの対応を行いました。加えて、Bくんが好きなあそびに没頭する時間を多くとりました。すると、チックは次第に収まっていきました。

# 第5章

# Cタイプの子の理解と支援

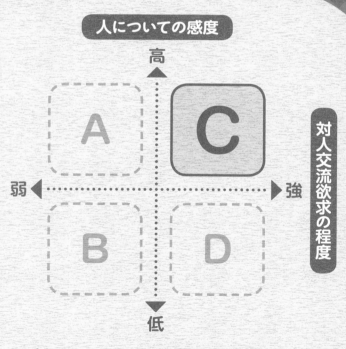

人についての感度

高

A　　C

弱 ◀┈┈┈┈┈┈┈┈▶ 強

B　　D

低

対人交流欲求の程度

人についての感度が高く、
交流欲求が強いタイプ

どうやったらいいのか
わからない
→詳細はp.60

急に悲しくなったの
→詳細はp.61

先生が
いると安心

私はプリンセス!
→詳細はp.62

先生たち、私のことを話してる?
気になる……
→詳細はp.61

# 子どもたち

しょうか？　その姿を見てみましょう。

みんなに「上手」と
言われるとうれしい！

### 今は返事をする気分じゃない

➡詳細はp.63

いっしょに
あそぼう！

……

### 旗が見える数えよう ➡詳細はp.63

1.2…

### こうだから、こうなって、
こうされた……つらい

➡詳細はp.64

**Cタイプの
子どもは**

## 自分なりの感じ方で
人とかかわる子ども

　人とかかわることを求めますが、自分の思いが中心になります。また、周りの人に対しての過敏さをもち合わせています。集団生活の初めのころは、人の多さを感じすぎて緊張したり、注意が散漫になったりします。人を好むので集団から出ることはありませんが、慣れるまで時間がかかります。家では自分の思いどおりにふるまうため、家族がかかわりづらさを感じている場合もあります。集団生活に慣れると人の行動や気持ちにより敏感になり、それを自分と関係づけることがあるため、やりとりの中でズレや勘違いが起こりやすくなります。また感じすぎるため、想像が膨らんだりゆがんだりします。友だちを求めますが、自分の感じ方でかかわるため、やりとりが揺れ動きやすくなります。

………… **支援のPoint!** …………
　キーパーソンは共感的に受け止める保育者です。揺れ動く気持ちを安定させ、そのうえで状況を伝える支援になります。また、得意なことを披露できる活動を用意します。

51

# タイプに添った目標と支援

Cタイプの「成育目標」と保育者の「支援の基本」をまとめました。
幼児期前期・後期に分けていますが、個々によって育ちが違うため、その区分けにとらわれない
見方をしてください。「個別の指導計画」作成の参考にもしてください。

※目標・支援それぞれの用語説明はp.12参照。

## ◆ 幼児期前期（2〜3歳児）◆

### 目標 ▶ 集団の中で安心して過ごす

#### 短期目標① ▶ 人が多くいる環境の中で落ち着いて生活する

**支援のPoint!**

●集団を受け入れるまで時間がかかります。個別に対応する保育者や本児が安心して過ごせる場所を決めておくとよいでしょう。

保育室内に安心感を感じられる場所を。

#### 短期目標② ▶ 保育者や他児、来客者の状況を理解する

**支援のPoint!** ●園にいる周囲の人たちの状況を言葉で知らせましょう。

〇〇ちゃん、泣いてるね。転んで痛かったんだね

他児の様子を知らせる。

〇〇先生は今日はお休みです

保育者の動向を知らせる。

52

だいじょうぶだよ

あの男の人は、お客さんだよ。園長先生とお話しするために来たんだよ

**支援のPoint!**

●いつもと違う状況で緊張が強まったときや勘違いをしている様子が見られるときは、正しい状況を知らせましょう。

来客がだれで、何をしに来た人かを教える。

**支援のPoint!** ●保育参観など緊張する場面が予測できるときは、前もって詳しく本児に知らせておきます。家庭にも、本児が予想外の人の動きによって気持ちが乱れやすいことを伝え、共通理解を図っておくとよいでしょう。

今日はママがくるんだー

ぼくもー

わたしもー

今日は、おとうさんやおかあさんが来るの。みんながあそんでるのを見に来るのよ

うん

先に情報を伝えておくことで、心の準備につなげる。

たくさん人がいてドキドキするかもしれないから、○○くんのぬいぐるみ持っていく?

うん!

保育参観の日に家庭でも参観の意味を本児に伝え、お気に入りのものを家から持ってくるといった連携を図っても。

**支援のPoint!** ●小さい子どもの世話をしたがるときは、接し方を教えましょう。

やさしい声で言ってね

ねえねえー!

手をつなぐときはそっとね

あっち行こう!

相手を意識したかかわり方を伝える。

## 短期目標③ ▶ 集団活動を理解する

**支援のPoint!** ●簡単な予定表やものを見せながら、活動について伝えましょう。

参考になる教材・遊具➡p.90

絵や写真で予定を示す。

今日は、おソトでこんなボールであそぶよ

もので示す。

**支援のPoint!**

●活動中にやりたい気持ちが先走ったときや、どうしてよいかわからずに固まってしまったときは、やり方を順に教えましょう。

この中の好きな色の紙を選んで

指にのりを付けて紙にぬるよ

保育者がそばについて説明する。

このクレヨンはどこにかたづけるのかな?

**支援のPoint!**

●多少の注意散漫は見守ります。別のことに注意が向き、今やっていることがおろそかになるときは、気づかせる声かけをしましょう。

製作で使ったクレヨンをかたづける場面。「かたづけなさい」ではなく、「今、具体的に何をするのか」に気づくような声かけを。

# 幼児期後期（4～6歳児）

## 目標▶状況を理解する力をつける

### 短期目標①▶集団の状況を正しく理解する

### 支援のPoint!

●状況や活動内容を理解しやすいように、1日の予定表や活動内容の手順表などを見せましょう。

参考になる教材・遊具➡p.96

プールあそびの手順表。

### 支援のPoint!

●行事に向けて取り組む活動をするときは、前もって前の年の写真や動画などを見せておくとよいでしょう。

前年の発表会の動画を見せる。

### 支援のPoint!

●不安や緊張が強いときは、保育者がそばについて状況を説明しましょう。

運動会について絵を見せながら説明する。

### 支援のPoint!

●先のことに不安をもつ場合は、これからする活動の具体的な情報や役割を、絵や文字を使って知らせます。まずクラス全体に対して説明し、そのあと個別でも伝えます。

節分の豆まきを怖がる子のそばについて、何が起こっているのか、これから何が起きるかなどを説明する。

## 短期目標② ▶ 他児とのやりとりのずれを減らす

### 支援のPoint!

●他児の行動を思い違いしたときは、それを否定せずに受け止めましょう。

思い違いの理由は追及せず、まずはその子の思いを受け止める。

### 支援のPoint!

●他児の状況を説明し、保育者がその子の思いを代弁して本児に伝えます。

状況や他児の思いをわかりやすく説明する。

### 支援のPoint!

●本児がした話を他児から「うそ!」と言われたときは、願望や夢の話としてフォローする。

あり得ない話をしたとき、それを否定したり修正したりするのではなく、本児の気持ちに添いながら補う。

## 短期目標③ ▶ 思いや気持ちを伝える力をつける

### 支援のPoint!  ●友だちとトラブルが起こったときは、仲立ちは短くして早めに別のことに切り替えましょう。

新たな負の感情を呼び覚ましてしまうことがあるため、できるだけさらっと対応し、他児のケアは別の場面で行う。

今後に生かすため、トラブルのいきさつを記録しておく。

### 支援のPoint!

●困ったときは保育者に伝えるように話しておき、具体的な伝え方も教えましょう。

●自分の苦手なことやできないことを伝えるのに抵抗がある様子であれば、その気持ちに共感します。

食べられない食材を前にうつむいているとき……。

本児の伝えづらい気持ちにも寄り添う。

---

# 目標 ▶ 有能感を得る経験をする

## 短期目標① ▶ 得意なことを披露する

### 支援のPoint!

●本児の得意分野を把握し、それを披露する機会をつくります。

得意なブロックで作った作品を披露する。

## 短期目標② ▶ 人の役に立つ経験をする

### 支援のPoint!
●生活の中でちょっとした手伝いを頼んだり、行事では他児とのバランスを考慮して大きな役割を任せたりすることを検討してみましょう。

花の水やりを頼む。

発表会の劇のナレーターを割りふる。

### 短期目標③ ▶ 倫理的な行いを知り、実行する

#### 支援のPoint!

●小さな子どもへの親切心や小さな生きものをいつくしむ心を教えます。個別に教えるよりもクラス全体に向けて話をし、そのような行いをした場面をとらえてほめましょう。

園庭にいる虫や飼育している動物の扱い方を伝える。

虫の扱い方が乱暴になってきたときは、ストーリー性をもたせた声がけが有効なときもある。

生きものを大切に扱っていたら、その場で声をかける。

---

# 目標 ▶ ストレス解消の方法を身につける

### 短期目標 ▶ ストレス解消をする

#### 支援のPoint!

●イライラしている様子が見られたら、気持ちを切り替えるきっかけとなる行動をとるよう声をかけましょう。

参考になる教材・遊具 ➡ p.104

その子に合うストレス解消法を見つけておく。

### 支援のPoint!

●不安そうだったり、緊張した様子が見られたりするときは、気持ちが落ち着くものを持たせるようにすると安心することがあります。

その子の気持ちがリラックスするものを。

### 支援のPoint!

●ストレスや現実から逃れている状態の一つとして本児が空想の世界に入っているときは見守り、その世界から戻すときは現実的な声をかけます。

こちらの世界に引き戻す言葉をかける。

### 支援のPoint!

●場面場面で違う心持ちになりやすく、家庭では思うがままに過ごしているであろうわが子のわかりにくさ、育てにくさに悩む保護者もいます。本児のよいところや得意なことを伝え、就学後の相談先をもつことも一緒に考えておけるとよいでしょう。

### 支援のPoint!

●気持ちが沈んでいる様子が見られたら、会話に誘ってみるのもよいでしょう。

気分がかわるように、たわいもないおしゃべりに誘う。

### 支援のPoint!

●面談などをとおして、本児が集団生活にストレスを感じやすいことや、園ではストレスの解消法を示唆していることを保護者と共有しておきます。

集団での本児の様子や保育者のかかわりについて伝える。

地域の支援機関を把握しておくとよい。

# Ｃタイプの子への対応例
## ～園生活の中のエピソードから～

子どもの日々の生活は変化に満ちており、常に同じとは限りません。理解しながらかかわっていても、対応に迷う事態に向き合うことはまれではないでしょう。ここではエピソードを用いて、Ｃタイプの子の気がかりな姿への対応例を挙げていきます。
※エピソードは架空のもので、それぞれのタイプによく見られる経過と出来事をもとに作成。

## ◆ 誕生～入園まで ◆

　乳児期のＣちゃんは、わずかな物音で目を覚ます敏感さはあったものの、あまり気になるところはなかったとお母さんは振り返ります。1歳6か月健診は問題なく通過しました。2歳になると新しい環境に慣れにくい姿が出てきました。外出先ではお母さんから離れようとしない一方で、家では妹とよくけんかし、しかられるとものを投げて暴れ、暴言をはきました。お母さんは、外と内で見せる姿のギャップを感じていました。3歳頃には暗い場所や大きな音を怖がり、特定の感触にこだわるようになりました。また、ドラマを見て涙を流すといった過度に感じ取る面も見られました。

## ◆ 入園後 ◆

### エピソード① 「慎重すぎる」

**Ｃちゃんの姿**　Ｃちゃんは3歳で幼稚園に入園しました。初めはかなり緊張している様子でしたが、少しずつ慣れていきました。ただ、保育者や他児のちょっとした言葉に敏感で、気にする様子が見られました。新しいことに興味をもちましたが、とても慎重で、見ただけで「できない」と思うと、その場で固まってしまいました。

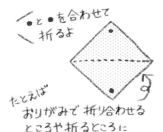

・と●を合わせて折るよ

たとえば
おりがみで折り合わせるところや折るところにしるしをつけておく

### 保育者のかかわり

　保育者はＣちゃんに一つずつ手順を示し、ときには手を添えて、取り組みやすい声がけをしました。

### 【 発達心理の視点から 】

「注意」という心の働きがあります。今必要なことに注意を向け、それに合った集中をします。Ｃちゃんの注意は散りやすく、心が混乱しやすいです。何をどうしてよいかわからなくなることがあります。手も足も出なくて固まってしまいます。「今やること」を一つ一つ整理してやりましょう。

## エピソード② 「理由のわからない感情表現」

**Cちゃんの姿**

4歳になり園に慣れたCちゃんでしたが、ささいなことで気分が大きく変化する一面が見られました。張り切って活動に参加したかと思うと、突然気持ちが落ち込んで動かなくなり、いつの間にか立ち直る、といった姿です。気持ちの落ち込みの理由は、言うときと言わないときがありました。

また、ボーッとしたり、何かつぶやいたりしていることもありました。突然、通りすがりの他児に向かって怒り出すことも。理由はわかりませんでした。

### 保育者のかかわり

Cちゃんの気持ちが落ち込んだとき、**本人が求めたときは寄り添い、それ以外は見守っ**ていました。また、ボーッとしているときも、すぐ戻るようなときは見守りましたが、**活動がおろそかになりそうなときは「次、何をするんだっけ？」**と声をかけました。

他児に対して怒りを見せるときは、たいてい一瞬で収まったのでその場合も基本は見守りましたが、他児が困った様子のときは「**Cちゃんはきっと勘違いしたんだね。気にしなくていいよ**」とフォローしました。

**【発達心理の視点から】**
子どもが喜んでいる、絵をほめられたから。子どもの「感情表現」の理由はわかりやすいです。Cちゃんの心は複雑に絡み合っています。今見ていること、思い出したこと、体の調子、機嫌などが絡み合って、感情がわき上がってきます。理由がわかりにくくなります。それを整理してやるのは難しいです。周りとの折り合いがつくような対応になります。

## エピソード③ 「周りの会話を自分とリンクさせる」

**Cちゃんの姿**

給食が終わる頃、主任保育者が来て担任に耳打ちしていきました。会議の時間変更のことでした。しばらくして、給食を食べ終わっていないCちゃんが泣き始めました。訳を尋ねると、Cちゃんは「私が食べるのが遅いから先生が主任先生に怒られた」と言いました。耳にした「〇〇を終わらせて…遅れないように〜」という会話の一部を、自分の食べる遅さとリンクさせたのでした。

保育者は「そう思ったんだね」とCちゃんの気持ちをくみ取りながら、「先生たちの話し合いの時間のことだったのよ」と付け加えました。そして「**ゆっくり食べていいよ**」と言い残して、その場を去りました。周りの子どもたちがかたづけを始めるとCちゃんは我に返り、残りを食べて、いつものようにかたづけをしました。

【発達心理の視点から】

自分は自分だという意識は、3歳児のなんでも「自分で！」やるという言葉に表れています。自他の区別がはっきりしてきます。Cちゃんは「自他の境界線」がゆらぎやすいです。客観的な情報と今やることを簡潔に伝えます。わかってもらおうと多くを語ると、あらたなゆらぎの種となります。

## エピソード④「空想の世界に入る」

**Cちゃんの姿** 外あそびの時間、みんなはそれぞれ好きな所に走っていきましたが、Cちゃんは途中で立ち止まって、突然、ティアラをつける、ふわふわドレスを持ち上げる、踊り始めるなど、まるでプリンセスになったかのようなしぐさを始めました。周りにいた子どもたちは驚いて「Cちゃん、何してるの？」と声をかけました。返事はありません。Cちゃんはプリンセスになり切って踊っていました。

保育者のかかわり

Cちゃんが空想の中に入りやすいことを知っていた保育者は、「**Cちゃん、お水を飲もうか**」と声をかけました。Cちゃんは「うん」と答え、空想から抜け出しました。**周りにいた子どもたちには「Cちゃんは一人でお姫さまごっこをしていたようね。楽しかったんだね」**と話しました。

【発達心理の視点から】

3歳を過ぎると想像力が発達し、子どものあそびの世界が広がります。特にごっこあそびに想像力が発揮されます。子どもは「ごっこ」と現実の違いを感じながらあそびを楽しみます。「空想」は「ごっこ」ではありません。「空想」は現実感覚が失われた独特の世界です。見守ってよいときと対応した方がよいときは、その状況によります。

## エピソード⑤「友だち関係がうまくいかない」

**Cちゃんの姿**　年長児になって、Cちゃんは時々園を休むようになりました。休む理由は友だち関係がうまくいかないこと。友だちに自分の思いや要求を伝えられない、だからわかってもらえない。友だちは悪くない、自分が悪いとしくしく泣いたとお母さんから報告がありました。その後登園したCちゃんは、他児があそびに誘っても返事をすることなく、黙って絵を描いていました。

### 保育者のかかわり

　Cちゃんは友だちのことをどう思っているのか、保育者は気がかりでした。**無視されたと思った他児には「今、Cちゃんはお絵描きに夢中なんだね」と状況を伝え、Cちゃんには「友だちが"あそぼう"と言ったときは返事をしようね」とひと言伝えました。**保育者がその場から去ると、Cちゃんは他児のところに行き、「あそんでもいいよ」と言いました。

### 【発達心理の視点から】

自分の心を見つめること（内省）ができるのは、いつ頃からでしょうか。幼児期では高度すぎる心の働きですが、Cちゃんにその芽生えが見られます。ただ、内省による自己分析はそれにとどまり、友だち関係にいかされることはありません。実際の交流はCちゃんのそのときの気持ちのありようで展開し、ズレが生じやすくなります。

## エピソード⑥「何もないところに何かが見える」

**Cちゃんの姿**　運動会の3日後に、保育者は運動会の絵を描く活動を取り入れました。Cちゃんはまず太陽を描き、次に万国旗を描き出したとき、ふと空中を見つめ、指さして「1、2、3…」と数え始めました。向かいの子はCちゃんに「何見て数えてるの？」と聞きましたが、Cちゃんは返事をせず数えた分の国旗を描きました。

びっくりしたね。
でも、そういうことは、
たまにあるんだって。
それをよく知っている人に
きいたことがあるよ

### 保育者のかかわり

　向かいにいた子は少し怖くなり「Cちゃん、へん。何もないのに何か見てるよ」と言いました。**保育者はその子を安心させるようにCちゃんの状態を伝えました。**

### 【発達心理の視点から】

「直観像」です。過去に見たイメージ（心像）が、目の前に見えてくる現象です。ごく少数の人にあるといわれています。だれも気づかないことがあります。Cちゃんは、前にも発表会の絵に舞台の木目を正確に描いたことがありました。周りが気づくと、異様さを感じます。そのときはその現象があることを冷静に伝えます。

## エピソード⑦「想像が膨らんで事実から遠ざかる」

### Cちゃんの姿

　朝、Cちゃんが「〇〇ちゃんが私のプリンセスのティッシュを取った。〇〇ちゃんに言うと、バカと言ってたたかれた」と泣くので休ませる、とお母さんから連絡がありました。実際はそんなことはなかったと伝えましたが、お母さんもCちゃんも納得しませんでした。

### 保育者のかかわり

　お母さんと面談し、Cちゃんやお母さんの**つらい気持ちに共感しつつ、園でとらえている正確な状況とCちゃんの様子を説明**しました。**Cちゃんやお母さんが間違っているとは言いませんでした。**Cちゃんは感性が鋭く想像力が豊かであること、そのため想像が膨らんで勘違いをしやすいことを話し、それが今回のことと関係しているのではないかと伝えました。お母さんは思い当たる節があったので納得しました。

### 【発達心理の視点から】

Cちゃんは、現実が「想像」や「過去の記憶」と混じり合うことがあります。それだけではありません。それが展開していくのです。だんだん事実とかけ離れていきます。でも、Cちゃんにはそれが事実なのです。保護者を巻き込むトラブルになりやすいです。それ以上展開しないよう気持ちに共感するにとどめ、必要なときに客観的事実を伝える程度にとどめます。

## ◆卒園を前に◆

　卒園が近づくとCちゃんは不安な表情になり、補助の保育者のそばにいたがるようになりました。「何か話したいことがあるのかな？」と聞くと、「学校に行きたくない。怖い」と答えました。保育者は「初めてのことは怖いよね。どうなるかわからないものね」と返しました。気持ちを受け止められ、Cちゃんの表情が少し明るくなりました。保育者はパンフレットを見せながら学校の話をし、入学後もカウンセラーなど話を聴いてくれる人がいると伝えました。

# 第6章

# Dタイプの子の理解と支援

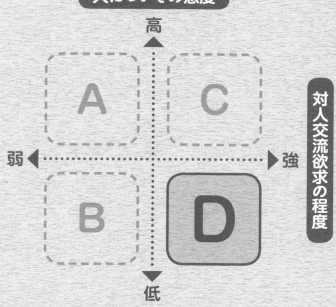

人についての感度

高

A　C

弱　　　　　　強

対人交流欲求の程度

B　**D**

低

人についての感度が低く、
交流欲求が強いタイプ

# Dタイプの

Dタイプの子とはどのような子なので

あっちもこっちもワクワクするよ！

➡詳細はp.76

この紙丸めて、のりまき作ろう

➡詳細はp.77

ねえ、
お話ししよう！

え？ お友だち何て言った？
いいや、
思ったことをしゃべろう

➡詳細はp.78

あ！交通違反だ！

➡詳細はp.77

66

# 子どもたち

しょうか？ その姿を見てみましょう。

イライラが
止まらない
→詳細はp.78

ぼくはよくひらめくんだ！

これなあに？　じゃあ「にかく」はあるの？

さんかく！

さんかく！

おまえ！
並ぶんだぞ！

ルールを
守らない友だちは
許さない！
→詳細はp.79

あーあ、先生の話つまんないな
→詳細はp.80

おれ、それ
知ってる！

## Dタイプの子どもは

### 自分を中心に
### 人とかかわる子ども

　人とかかわることを求めますが、自分の思いが中心になります。また、周りの人の思いや気持ちに共感しにくい面をもち合わせています。集団生活を好みますが、自由に行動します。周りが合わせてくれる、あるいは思いどおりになる場面では落ち着きますが、周りに合わせて自分の行動や気持ちをコントロールしなければならない場面では大きなストレスを感じ、ときには暴発します。集団生活が進むと、自分を、より相手に強く押し出します。相手の気持ちに無頓着に発言し、友だちを仕切りたがるなど、一方的なかかわりになります。

#### ……… 支援のPoint! ………

　キーパーソンはおだやかに、かつ冷静にかかわる保育者です。気持ちを受け止めつつ、かかわりのルールをぶれずに冷静に伝える支援になります。叱責や説得は逆効果。力を発揮できる機会や人の役に立つ役割を用意します。

# タイプに添った 目標と支援

Dタイプの「成育目標」と保育者の「支援の基本」をまとめました。
幼児期前期・後期に分けていますが、個々によって育ちが違うため、その区分けにとらわれない
見方をしてください。「個別の指導計画」作成の参考にもしてください。

※目標・支援それぞれの用語説明はp.12参照。

## ◆ 幼児期前期（2〜3歳児）◆

### 目標▶周りの状況を認識する

#### 短期目標①▶集団の流れを意識する

**支援のPoint!**

●全体に向けての声がけや予定表などで、生活の流れを知らせます。応じないときは個別に予定表を見せて注意が向くようにしましょう。

参考になる教材・遊具➡p.90

今日は 1ばん「先生のお話」、
2ばん「お外あそび」、
3ばん「おえかき」だよ

視覚情報で
注意を促す。

#### 短期目標②▶状況に合わせる

**支援のPoint!**

●必要に応じ、タイミングを見て個別に声をかけます。指示的な声がけには反発しやすいため、冷静な口調を心がけましょう。本児が声がけの内容をキャッチしやすいように、ポイントを絞った話し方をします。

**支援のPoint!**

●声がけしてもなかなか動かないときは、自発的に動き出すまで少し待ちます。それでも応じないときは、楽しみやユーモアを交えた声かけを意識しましょう。

すわる時間だよ

してほしい行動を指示するのではなく、「今、何をするのか」という状況を伝える。

食べたあとは
クイズあそびの
お楽しみ！

「食べないとあそべないよ」などのネガティブな伝え方ではなく、「やりたくなる」伝え方を。

### 支援のPoint!

●困った行動をするとき、そのたびにそれはやってはいけない行動であるとわからせようと真剣になると、反発や怒りを引き起こし、逆効果です。「適切なふるまい」をさらっと教えて、そのあとは別のことに注意を向けられるようにかかわりましょう。

注意ではなく、望ましい行動を端的に伝える。

### 支援のPoint!

●部屋で落ち着かなかったり、暴れたりするときは、一度その場から離して別のことに注意を向けられるようにしましょう。

他児への危険にも配慮して、すばやく淡々と。

### 支援のPoint!

●本児の行動で他児がいやな思いを感じたときは、他児の話や気持ちを聴きます。そのあと、本児のした行動の意味や思いを他児に伝えましょう。

他児の思いを共感的に聴く。

### 支援のPoint!

●ふれてはいけないものに触ったときは、クラス全体の約束事として伝えましょう。個別に注意すると、責められているとだけ感じ、大切なことが耳に入りにくくなります。

絵やマークも用いて示す。

支援のPoint! ●園外保育では、個別対応する保育者が付き添いましょう。

飛び出しそうになったときは、「ダメ！」ではなく、とるべき行動をはっきりと伝える。

保育者の小さな持ちものを本児に持ってもらう手伝いを。頼まれた誇らしさを感じられ、また、ちゃんとやらなきゃという緊張感から危険な動きが減る効果も。

保育者の感謝の言葉は、だれかのために行動する喜びを感じる経験に。

# 目標 ▶ 落ち着くことを体感する

## 短期目標① ▶ 落ち着く時間をもつ

よい状態を意識できるよう、そのような姿をとらえて声をかける。

### 支援のPoint!

●好きなことに集中しているときは見守ります。
●落ち着いて行動できているときは、励ましの言葉をかけましょう。

## 短期目標② ▶ 落ち着く場所やものを得る

### 支援のPoint!

●本児の興奮や多動が強まり、クラス内が不穏な空気に包まれたら、刺激の少ない場所に誘導します。

参考になる教材・遊具➡p.101

本児が暴発（ものを投げる・暴力を振るう）しないうちに誘う。

### 支援のPoint!

●刺激が少ない場所を用意します。

個別の保育者が付き添い、好きなあそびを見守る。

# 幼児期後期（4～6歳児）

## 目標▶集団活動のルールを意識する

### 短期目標①▶活動に落ち着いて参加する

**支援のPoint!**

●活動中の約束事を「みんなが守るルール」として、あらかじめクラス全体に伝えましょう。

**支援のPoint!**

●本児が活動に集中しやすいように席は前に設定し、座っていれば、体が多少動いていても許容しましょう。集中が切れかかったら、席を立つ場面をつくります。

個別に伝えるのではなく、全体に向けて。

ちょっとした手伝いを頼んで、動くきっかけを。

### 短期目標②▶保育者の立場を理解する

保育者が感情的に反応すると立場が逆転しやすくなるため、冷静に。

**支援のPoint!**

●本児が興味のあることや得意なことを披露する場面をつくり、他児にも同様の機会をつくります。保育者はどの子に対しても平等にかかわる姿勢をとりましょう。

●保育者の話にするどい指摘をしたり、矛盾をついたりしてきたら、その目のつけどころを評価します。評価することは保育者が教える立場であることを示すことになります。冷静にやりとりをすることが大切です。

---

## 目標▶望ましい自主的な経験を積む

### 短期目標①▶役割を果たす経験をする

**支援のPoint!**

●グループ活動で本児にリーダー役をふり、リーダーの役割について説明しておきましょう。

**支援のPoint!**

●本児に合った役割をふる。

リーダーの役割をイメージできるよう、あらかじめ説明しておく。

数に興味があれば人数を数えるなど、本児の特質に合った役割を。

短期目標②▶**目標を立てる**

## 支援のPoint!

●挑戦したい目標を一緒に考え、できないときは保育者が手伝うことを伝えておきます。

本児にとって無理のない程度の内容に。

## 支援のPoint!

●目標がなかなか達成できない状況を想定して、努力することがいちばん大事だということや、いつかできることがあるかもしれないことなどを伝えましょう。

他児が一生懸命取り組んでいる様子についても話をする。

# 目標▶ 社会的なルールやマナーを知る

短期目標①▶**あいさつの仕方を知る**

知らない人に、突然あいさつすると、びっくりするかもしれません。相手の人があいさつしたらみんなもあいさつしようね

おさんぽのとき、知ってる人にはあいさつをします

## 支援のPoint!

●大人へのあいさつの仕方を教え、クラス全体で共有しましょう。

園に来ているお客さまには、あいさつしましょう

相手によってあいさつの仕方が違うことを知らせる。

短期目標②▶**望ましい行いを知る**

## 支援のPoint!

●保育者に対する言葉づかいや他児への思いやりなどを、社会のルールやマナーとしてクラス全体に対して教えましょう。また、道徳についての話は、機会を見つけて園長などがクラスや園全体に対して行います。

●本児が望ましい行動をしたときは、おおいに評価しましょう。

ろうかを走らずあるいているね。いいね!!

どんなところがよかったのかが伝わるように。

## 支援のPoint!

●本児が正義感から他児の行動を批判したときは、それを他児に伝えるのは保育者の役割であることを伝えます。

本児の気持ちをくみつつ話す。

○○ちゃんにおしえたかったんだね。先生が話すね

おうちのぬいぐるみ持ってきたらダメ!

# 目標▶自分のいろいろな気持ちを知る

## 短期目標①▶不安や怖がりを減らす方法を知る

### 支援のPoint!

●気になったことを何度も確認してくるときは、正しい情報を伝えます。

本児が繰り返し確認する行動の裏にある気持ちを代弁する。

どうして○○くんは早く帰ったの？

バイバーイ

これから、おばあちゃんのおうちに行くから、早く帰ったんだよ

気になったんだね

### 支援のPoint!

●本児の不安や怖がりを否定せず、そんなときは保育者に話すように伝えておきましょう。また、怖がる対象について客観的な情報を伝えます。

気になることはだれにでもあるよ

ホント？

本児の不安に共感する。

くもの中でたまった電気がとび出すときに大きな音がするのが、かみなりだよ

ゴロゴロ…
ゴロゴロ

客観的な情報によって、恐怖心をある程度鎮めることができる場合も。

## 短期目標②▶いら立ちや怒りから落ち着く方法を知る

### 支援のPoint!

●いら立ったら、保育者に話すように伝えておきます。また、イライラしたときに気持ちを落ち着ける方法を教えておきましょう。

### 支援のPoint!

●暴発したら、何も言わずに静かな所で落ち着くのを待つか、タイミングを見て別のことに注意を向けられるように働きかけましょう。落ち着いたら共感しつつ、思うようにいかないことはだれにでもあることを伝えます。そして、どうすればよかったのかを一緒に考えましょう。

深呼吸する

にぎりごこちのよいボールをにぎる

ニギニギ

その子が落ち着く方法を考える。

イライラしたら

やってみよう

大きな声を出すまえに、深呼吸すればよかった…

そうだね、よく考えたね！

暴発そのものは注意しない。どうしたらよかったのか、適切な方法を考える姿勢をほめる。

友だちをたたきそうになっちゃったときに、両手をズボンのポケットにいれたら、がまんできたんだね！

うん！

スゴイね！

### 支援のPoint!

●自発的に落ち着いたときは、その落ち着き方を認めて評価します。

本児がどうしたら落ち着けたのかを確認するように話す。

### 支援のPoint!

●暴発しそうな前兆に保育者が気づいたときは声をかけ、本児の気持ちに共感します。

イライラしてるんだね。思いどおりにしたかったんだね

もう!!

思いどおりにいかなくてイライラしていたら、その気持ちを受け止める。

本児や他児が傷つかない方法を示す。

どうしてもたたきたくなったら、このクッションをたたくのはどう？

### 支援のPoint!

●なかなかいら立ちを押さえられないときは、人以外にぶつける方法や、一度別のことに注意を向けることで興奮を下げる方法を教えます。

参考になる教材・遊具➡p.104

---

## 短期目標③▶優しい気持ちがあることを知る

### 支援のPoint!

●本児が他児に対して行った親切な行動をとらえ、その行いについて説明します。

○○くんはしんせつだね

おかたづけをてつだってるんだね

本児の行いの意味を伝える。

### 支援のPoint!

●本児が自発的に手伝いをしたときは、感謝の言葉をかけましょう。

いすをはこんでくれてるんだね。おかげで早くかたづくよ！

自分の行いが周囲に対してどう影響したかがわかるように伝える。

# 目標 ▶ 集中できるあそびや活動をする時間をもつ

## 短期目標① ▶ 自分の好きなことに集中する

### 支援のPoint!

●自由あそびの時間に好きなことに集中しているときは見守りましょう。取り組んでいることに関して質問をしてきたときは、答えや情報を得る方法を教えます。

図鑑や絵本を読むと情報が得られることを教える。

### 支援のPoint!

●活動の切り替えのとき、本児が区切りのポイントを決められるよう働きかけます。主体的な行動が認められることは、自分が理解され受け入れられていることを感じる経験になります。

このような経験が、ゆくゆく、集団のきまりにあわせて自分の行動をコントロールする力をつける基盤となる。

### 支援のPoint!

●活動を始めることを本児にも伝えて予定どおりに進めると、それが本児の切り替えのきっかけになることもあります。

多少ののめり込みは許容し、自分で切り替える姿を見守る。自由度が必要な特質を受け入れてもらっていると感じられると心が安定し、人への信頼感につながる。

## 短期目標② ▶ 自分の好きなことを披露する機会を得る

### 支援のPoint!

●本児の好きなことを披露する時間をつくりましょう。その際、他児の披露も一緒にします。その子のアイディアやオリジナリティーを評価しましょう。

その子らしさを受け止め、そのよさを具体的に伝える。

# Dタイプの子への対応例
## ～園生活の中のエピソードから～

子どもの日々の生活は変化に満ちており、常に同じとは限りません。理解しながらかかわっていても、対応に迷う事態に向き合うことはまれではないでしょう。ここではエピソードを用いて、Dタイプの子の気がかりな姿への対応例を挙げていきます。
※エピソードは架空のもので、それぞれのタイプによく見られる経過と出来事をもとに作成。

## ◆ 誕生～入園まで ◆

　赤ちゃんのときは眠りが浅く、少し手がかかりました。人見知りがなくだれに抱かれてもニコニコと愛想がよかった反面、お母さんが少しでも離れると不安そうにハイハイで追いかけるので、お母さんは「甘えっ子さんだな」と感じていました。1歳半頃から動きが多くなり、2歳になるとますます落ち着かなくなりました。お父さんが帰宅するとうれしくて興奮し、一緒にあそんでくれないと怒ってものを投げつけることがありました。

## ◆ 入園後 ◆

### エピソード① 「目新しいことに興奮して動き回る」

**Dくんの姿**

　Dくんは2歳半で保育園に入りました。入園当日はやや興奮気味で園内をあちこち探索し、保育者があいさつをすると、自分の言いたいことを話し出しました。保育室でも落ち着きなく動いていました。

### 保育者のかかわり

　保育者は目は離さずに、多少の動きは見守っていました。棚に登りそうになると、**Dくんがびっくりするほどの大声で「はい、ストップ！」と叫びました。**「登ったらだめ」と注意するとますますエスカレートするので、この声がけは効果的でした。**登ったら何も言わず下に降ろしました。**

### 【発達心理の視点から】

「多動」と思われがちなDくん。歩くようになると世界が広がります。目新しいものだらけ、興味津々で動き回ります。でも、好きなあそびや動画を楽しむときはじっとして集中します。体のエンジンが常にかかっているわけではありません。すべてにおいて思うがまま自由に進む、Dくんの集団生活の始まりの頃の姿です。

## エピソード② 「自分のやりたいようにやる」

> **Dくんの姿**
> 3歳後半になると、一緒に歌ったり踊ったりする活動に乗りにくくなり、製作活動では手本どおりにせずに自由に作るなど、Dくんの気分、要求、関心を中心とした行動が多くなっていきました。そんなふうに自由に動きながらも、保育者の話や活動内容はしっかり把握しているようでした。

### 保育者のかかわり

　Dくんのそのような行動は、クラス全体を乱すほどではなかったので、**多少の自由さは許容**しました。

#### 【発達心理の視点から】
幼児期前期の「大人が子どもに合わせる」から、幼児期後期の「子どもが大人に合わせる」に発達が進みます。Dくんの「自分に周りが合わせる」は、常にゆるぎません。それでいて周りの新しい情報はいつの間にかキャッチしています。周りをわかっていても、自分のやりたいようにやるのです。

## エピソード③ 「知らない人に声をかける」

> **Dくんの姿**
> 園外活動で外をみんなで歩いているとき、Dくんはキョロキョロして興味津々の表情。すれ違う大人に「こんにちは」と声をかけていました。交差点で青信号が点滅して赤信号に変わったとき、走って渡る大人を見て、Dくんは「信号無視！」と大声で叫びました。その声にびっくりした大人は、Dくんをにらみながら去っていきました。

### 保育者のかかわり

　保育者はDくんに、「**交通ルールを教えたかったんだね。守ることは大事だからね。でも、大人のルール無視を注意するのは警察の人の仕事だから、それを見たときは先生に教えるだけでいいよ**」と話しました。

#### 【発達心理の視点から】
「心の理論」という発達があります。自分と他者の心を推論する力です。3歳を過ぎると発達してきます。例えば、人の行動を見て「～するつもりだ」「こう思っている」と心を推理します。目ざとく人の行動に気がつくDくん。ルール違反するつもりだと読むと、すぐ反応。行動の読みがすべてであり、その人のそのときの状況や心の動きには無頓着です。

**Dくんの姿**　Dくんはおしゃべり好きでよく話をしますが、いざというとき自分の要求や気持ちを言葉でうまく伝えられないことがありました。また、会話中に相手の意図がよく理解できず、Dくん独自のとらえ方で返答し、一方的に話を展開させることがありました。

**保育者のかかわり**

　他児との会話でトラブルになったときは保育者が介入し、それぞれの言い分を聞いて調整を図りました。Dくんには「△△と言うとわかってもらえるよ」「〇〇くんはこういうつもりで言ったんだって」といった伝え方をしました。冷静に伝えると耳に入りやすいようでした。

**【発達心理の視点から】**
おしゃべり好きに隠れている「コミュニケーション問題」です。コミュニケーションは伝え合うというやりとりです。このやりとりには互いに伝わったかどうかを直感的に照合する間があります。Dくんはこの働きに課題があるため、要求や意思を相手にわかるように伝える、そして、相手の話の意図を理解することがうまくいかないことがあります。

**Dくんの姿**　Dくんはあちこちでトラブルを起こすようになり、保育者が調整に入ってもDくんの心にはトラブルのいやな思いが残りました。いらだちや不機嫌状態が続き、それによってささいなことでトラブルが起きやすくなりました。トラブルの連鎖です。

### 保育者のかかわり

　保育者は、まずはDくんの**心の安定を図ること**が第一と考え、**Dくんに新しい役割を提案**することにしました。園長先生のことを尊敬している様子がうかがえたので、園長先生に検食を届けるようお願いすると、Dくんは喜んで引き受けました。園長先生がかける言葉がDくんには誇らしく、しばらくの間は行動が落ち着くのでした。

【発達心理の視点から】
　楽しい経験といやな経験はどちらが記憶に残りやすいでしょうか。年数がたってからの「フラッシュバック」（過去の記憶のよみがえり）の内容は、ほとんどネガティブな記憶です。いやな経験は心にくすぶりやすいのです。そのくすぶりを解消するのは、ポジティブな経験です。Dくんには自尊感情が高まる経験を提供しましょう。

## エピソード⑥「トラブルを招く正義感」

**Dくんの姿**　ルールを守らない他児に、「おまえ、守らないとだめだぞ！」と正義感から強く出てしまい、けんかになってしまいました。興奮すると、たたく、けるなどの暴力に及ぶこともありました。

### 保育者のかかわり

　保育者はDくんの正義感を認めつつも、他児に注意するのは保育者の役割であること、言いたいことは暴力ではなく言葉で伝えるように話しました。

【発達心理の視点から】
　「正義感」を生む要因に、ルール遵守のこだわり、リーダーとしての仕切りがあります。AタイプやBタイプの子どもたちは、こだわりとしての「正義感」、Dタイプの子は、仕切りたい欲求から出る「正義感」となります。周りが従わないと怒りがわいてきます。怒りは暴言・暴力に発展し、「正義感」がどこかに行ってしまいます。

おれ、それ知ってる!

**Dくんの姿**　保育者が話をしているとき、Dくんはいすをがたがたさせたり、他児に話しかけたりしました。挙手して当てられないと、「なんでおれを当てないの!」と怒ることも。また、話の最中に、「おれ、それ知ってる」と大声を出したり、「海から顔を出したおひさまが"おはよう"と言いました」と保育者が絵本を読むと、「へえ、おひさまは言葉を言うの?　言うはずないじゃん。口ないし」と、茶化すような発言をしたりしました。

**保育者のかかわり**

　保育者は、話は最後まで聞く・保育者が話しているときは他児と話さない・保育者が当てた人が答える、といった**話を聞く際のルールをクラス全体に向けて冷静に伝えました**。しかし、それが守られるときと守られないときがあり、守られないのは、Dくんがしばらく席に座っているとき、Dくんにとっては話の内容が簡単なとき、興味のない話のときに多いことに気づきました。

　そこで、保育者が話すときに、ホワイトボードに書いたものを消すといった**小さな役割をD くんにお願いし、席を立つ機会をつくりました**。また、チャレンジすることに意欲があるので、**Dくんのアイディアを披露するよう促す**と、Dくんは生き生きと発言しました。保育者は他児とのバランスを考えながらよいアイディアを取り上げて**評価しました**。このようなかかわりを続けていくうちに、話を聞く時間の集中が増していきました。

**【発達心理の視点から】**
「能動性」は子どもに備わったすばらしい特性です。幼児期後期に能動性と受動性がバランスよく発達し、「授業を受ける」という学校教育に向けての準備が整っていきます。Dくんは常に能動的でいたいため、受動的でいることに耐えられません。興味以外の人の話を聴く場面で、集中を促すための対応が必要になります。

## ◆卒園を前に◆

　就学を前にして、保育者はDくんにストレスを感じたときの対処法を教えました。覚えやすいように「イライラしたら深呼吸」「怒る前に水を飲む」などの簡単なフレーズで伝えました。卒園式が近づいた頃、式の中で子どもたち各自が担う役割を決めることになりました。Dくんは、卒園児のお別れの言葉の第一声を発する役目を担当することになりました。Dくんは卒園式を心待ちにし、その日まで落ち着いて過ごしました。

# 第7章

# タイプが
# 見極めにくい
# 子どもの
# 理解と支援

# タイプが見極めにくい
# 子どもたち

「A〜Dタイプのうち、どのタイプ?」と少し気になる子どもがいます。
そのような子どもをどう理解し、そして、どう支援したらよいのでしょうか。
まず、タイプが見極めにくい理由を説明します。

## ◆「連続体」という考え

　思いや気持ちの「通じ合い」「分かち合い」という「やりとり（相互作用）」の困難さは、個性に連続してつながっているといわれています。これが「連続体（スペクトラム）」という考えです。

　診断名がつくほどに特質が際立っている子ども、特質を軽い程度にもち合わせている子ども、個性（例えば、社交的・内向的など）に近い子ども、そして個性の範ちゅうの子ども、という形で連続しているということです。

　軽い程度の子どもや個性に近い子どもは、よく「グレーゾーン」と呼ばれます。「特質か個性か」の線引きは難しいものがあります。社会生活（ここでは園生活）において対応が必要なほど困難さを抱えているかどうかが、「特質である」という判断の目安の一つだからです。例えば、幼稚園でややマイペースだけれど集団適応している子どもがいます。その子どもは「個性」の範ちゅうとみなされます。小学校入学後、特質由来の問題行動が出てくると、支援や対応が必要になる「特質」の範ちゅうとみなされます。

　4タイプ間にも連続体の考えが当てはまります。「A⇔B」「C⇔D」のように特質が連続していくと、中間的な状態が生まれます。そして、その中間にも、困難さが際立つ子どもから軽い程度の子どもまで連続しています。

　特質が連続体であることから、見極めにくい子どもがいるということになるのです。

　では、タイプが見極めにくい場合に主に見られる「中間的なタイプ」と「特質が薄いタイプ」の例をそれぞれ見てみましょう。

# 中間的なタイプの架空例

チェックシートで二つの枠に「よくある」項目が多くあった子どもは、
「中間的なタイプ」だと考えられます。
ここでは、AタイプとBタイプの中間タイプの子を取り上げます。

## 架空例① 保育園に通うEくん（チェック時は3歳6か月）

### チェックシートの結果 （「よくある」「たまにある」にチェックがついた項目）

**No.1（Aタイプの項目）**

よくある
- □ 園に来たお客さんが近づくと、とっさに目を覆う。
- □ だれもいないホールには入るが、他児が多くいると入らない。
- □ 近くで大人に見られたり声をかけられたりするのをいやがる。
- □ 寄り添う特定の保育者と一緒であれば活動に入る。
- □ いやなことがあると、寄り添う特定の保育者に抱っこを求める。

**No.2（Bタイプの項目）**

よくある
- □ 自分から保育者や他児にかかわりを求めない。
- □ 一人あそびで満足している。
- □ 自分がしたことで、他児がいやがっているのがわからない。

**No.3（Cタイプの項目）**

よくある　□ 保育者がいないことに気づくと、「先生どこ？」と不安になる。

たまにある　□ 理由なく気分が変化する（落ち込む、たかぶる、ぼーっとする）。

**No.4（Dタイプの項目）**

たまにある
- □ やりたかった活動がなくなると、「なんでないの！」と訴える。
- □ 一方的なおしゃべりが止まらない。

## 発達経過と今の様子

Eくんは乳児期から人見知りが激しく、3歳で保育園に入るまで続いていたとお母さんから報告がありました。登園時は激しく泣き、朝のしたく時にはリュックを抱え込んでロッカーに入れることをこばみましたが、保育者が付き添いながら園生活の手順を教えていくうちに、だんだんと園に慣れていきました。

保育室から出ていくようなことはありませんでした。ただ、ホールに大勢の子どもがいると、入ろうとしませんでした。活動から活動への切り替えが難しく、そのたびに固まっていましたが、そばで保育者が個別に声がけすることで、少しずつ次の行動に移ることができるようになりました。

今は、自分から保育者や他児にかかわりを求めることはなく、子どもの輪の中にいても、いつも一人あそびをしています。

2〜3語文を言えるのですが、使っているおもちゃを他児が触ると何も言わず、また、顔を見ずに他児の手を払います。相手の気持ちを感じていない様子で、ほめても注意しても通じた手ごたえが感じられません。

ときどき、他児の変化（泣き出す、動くなど）を気にして目を向けたり、付き添ってくれる保育者と一緒にいるときに他児が寄ってくるのをいやがったりします。また、見られていることを意識するのか、視線を向けると固まることもあります。

活動に関係のないことを突然話し出したり、激しく泣いていたかと思ったら、うそのようにそれがピタッとやんだりなど、唐突な行動が見られることもあります。

## Eくんのタイプの読み取り

チェックシートの結果とEくんの姿から、タイプを読み取ります。

●チェックシートの「よくある」の項目数が、**Aタイプ＝5　Bタイプ＝3　Cタイプ＝1**。

●人の刺激を受けつけにくく、その場を避けるか、固まってしまう。また、寄り添う保育者の導きで次の行動に移ることができる姿はAタイプによく見られる。

●集団に慣れてきても一人あそびに満足し、周りの状況と無関係に唐突な行動が出るのは、人とのかかわりに関心をもちにくいBタイプによく見られる。

つまりEくんは、
「AタイプとBタイプの特質をあわせもつ中間的タイプ」だと考えられる

●Aタイプの子どもは慣れない人を避けると同時に、よいと感じた人に近づくといった両面が見られるが、Eくんは人への接近が見られない。

つまりEくんのかかわり方は、
「Bタイプに近い」と考えられる

　このような中間タイプの子どもの場合、経過を見ていくことが必要です。
　人への敏感さの一つの要因に、特定の場面における視覚過敏（人がいる状況、または、その変化など、特定の目に映る場面に対して敏感）があるのかもしれません。
　Bタイプの子どもに、ときどき視覚過敏（場所、もの、物理的変化、特定の人、人が集まっている場面などに対して）が見られます。Aタイプは人そのものへの過敏さ、Bタイプは人がいる光景への過敏さといえます。その判別が難しいときがあります。経過観察をして、人や人のいる状況への過敏さが減った段階で、かかわり方がBタイプであれば、Bの質がより強いと見てよいでしょう。4歳以降に、行動の再チェックをしてみるとよいでしょう。

## 支援のポイント

◆Eくんは、寄り添ってくれる保育者を必要としています。主に、日々の行動の切り替え場面で支援しましょう。

◆Aタイプの支援にあるように、1対1でEくんの興味のあるあそびを共有する場面をつくります（第3章p.27参照）。ものを介してのやりとりの経験を提供して、そこで相手の人を意識するきっかけをつくりましょう。

◆4歳まで経過を見てBの質がより強い様子が見られたら、その後は主にBタイプの支援を多く取り入れます（第4章参照）。

# 特質が薄いタイプの架空例

チェックシート全体で、1〜3個の項目しか当てはまらなかった子どもは、
特質が薄いタイプである可能性があります。
ここでは、特に対応が難しいCタイプの特質を薄くもつ子を取り上げます。

## 架空例② 幼稚園に通うFちゃん（チェック時は6歳3か月）

### チェックシートの結果（「たまにある」にチェックがついた項目）

**No.1（Aタイプの項目）**

たまにある　□大勢の人の目が注がれる行事（発表会など）に出るのを渋る。

**No.3（Cタイプの項目）**

たまにある　□保育者のやることが気になり、ちらちら見ている。
　　　　　　□保育者どうしの会話に聞き耳を立て、自分のことかと気にする。

## 発達経過と今の様子

　Fちゃんは年中クラスから入園しました。家族によると、それまで健診などで問題を指摘されたことはなかったということです。入園当初は、緊張していたのかあまり話をせず、おとなしい印象でした。慣れてくると、着席していても体がもぞもぞと動き、また、周りの動きを気にする様子が見られるようになりました。

　活動に参加したり、友だちとあそんだりすることができ、やりとりにおいてちょっとしたいき違いや会話の多少のずれはありましたが、特に大きな問題はありませんでした。

　年長児になると、保育者が1回でいいよと伝えても、何回も手を消毒するようになりました。お母さんの話では、家庭には消毒用のスプレーを置いていないのでそのようなことはないけれど、外出のときに除菌用のティ

ッシュをかばんに入れたかどうかを何回も確認するということでした。

　また、お母さんが特に気になっていることとして、Ｆちゃんが夜、急に大きな声で泣き出したり、不安を訴えたりと、情緒不安定になることを挙げました。理由がわからないため、家族も困っているということです。

## Ｆちゃんのタイプの読み取り

　チェックシートの結果とＦちゃんの姿から、タイプを読み取ります。

●チェックシートの「よくある」の項目数が０。「たまにある」の項目数が、Ａタイプ＝１　Ｃタイプ＝２。
●Ｃタイプの子どもには、状況への過敏さ、特に人への過敏さがあり、それを取り込みすぎると混乱し、処理できなくなる。そのため、人が多い行事の参加を渋ることがある。一方、Ａタイプが行事参加を渋る理由は、多くの人の視線が注がれることや、人の多さへの回避反応。表向きの行動は同じでも背景要因に違いがある。
　また、周りの人の言動を気にかける様子も見られる。Ｆちゃんにはその傾向が見られるが、想像が極端に膨らむことなく、また、Ｃタイプの子どもによく見られる、ファンタジーに入り込む様子がなく、現実的な適応が可能なレベルだと考えられる。

つまりＦちゃんは、
**「特質の薄いＣタイプ」** だと考えられる

　特質が薄いＣタイプは、集団生活では就学前後から学童期にかけて特質が出やすいので、幼児期にはあまり気にならないときもあります。一方、家庭では、幼児期から自分の思うとおりにふるまう、気持ちが変わりやすいなど、家族が振り回されやすく、子育てに悩むことがあります。特質が薄いと理解されにくいため、特に学童期へのていねいな橋渡しが大切になります。

## 支援のポイント

◆基本は、Cタイプの支援になります（第5章参照）。

◆強迫的な行動が出てきたら禁止せず、一過性であることもあるので見守りましょう。「やめなさい」「どうしてそんなことするの？」といった声かけは、新たなストレスを生んでしまいます。また、Fちゃんの好きなあそびで個別的にかかわり、話を共感的に聴きます。

◆3か月たっても強迫的な行動が収まらず、どんどんひどくなるときは、専門的なケアが必要となります。まずは小児科（できれば発達を診てくれるところ）の受診を保護者に勧めましょう。子どもの状態によっては、児童精神科を紹介してくれることがあります。

## 見極めがつかない子どもたちに出会ったら……

◆行動をしばらく観察しましょう。

◆可能な範囲で、生まれてから入園までの様子（子どもの全般的な様子、育てにくさを感じる部分、気になる点など）について、保護者から聴き取りをします。

◆行動のチェックシートⅠとⅡの両方を活用します。発達には個人差があるので、必ずしもシートの年齢範囲にとらわれることはありません。特に、3〜4歳の子どもについては、両方のシートを使ってもかまいません。

◆一度チェックシートでチェックを行い、結果を見て、経過を見ながら判断するのも一つの方法です。

◆項目にある行動がタイプによって意味合いが違うことがあります。この読み取りは少し難しいのですが、しばらく観察をすることで行動の意味が見えてくることがあります。特に、行動を生み出している子どもの心の動きをくみ取ってみましょう。

# 人とのやりとりを育てるための教材・遊具

❀マークのついた商品は学研で取り扱っています。
価格や入手方法は、下記の学研保育用品Webカタログを
ご覧ください。

**学研保育用品 Web カタログ**
https://catalog.hoikucan.jp/

※商品改良のため、商品の仕様・寸法などの変更、
また取り扱いを中止する場合があります。

# 集団生活の流れがわかる

## ❀ クロックスケジューラー

園での一日の流れが一目でわかる時計一体型の予定表です。一日の予定が視覚化されることで、子どもたちの安心につながります。マグネットシートを交換することにより、さまざまな園の一日の予定を子どもたちと共有することが可能です。

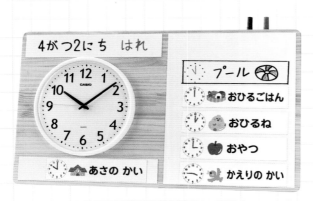

おやつだよ

うん！

 **あさの かい**

 **おひるごはん**

 **あそび**

 **おひるね**

 **おさんぽ**

 **おやつ**

 **かえりの かい**

▲予定シート7種

## ❀ カードスケジューラー
### （5枚セット）

子どもたちが個人で持てる予定表です。カードを差し替えることにより一日の予定が視覚化され、フックを用いれば壁掛けも可能です。

 あさの かい

 おさんぽ

 おひるごはん

 おひるね

 おやつ

 かえりの かい

# 順番や自分の場所がわかる

## ❖ 並びたくなる足あとマット（10枚組）

子どもたちが並んだり、靴をそろえて置いたりすることを助けるマットです。

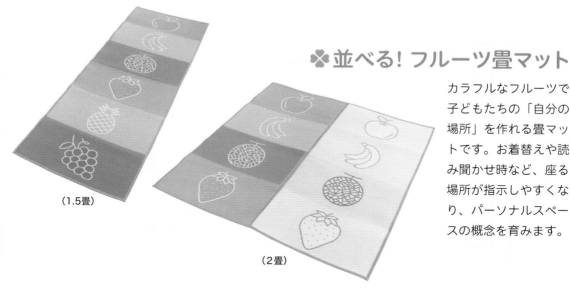

（1.5畳）

（2畳）

## ❖ 並べる！ フルーツ畳マット

カラフルなフルーツで子どもたちの「自分の場所」を作れる畳マットです。お着替えや読み聞かせ時など、座る場所が指示しやすくなり、パーソナルスペースの概念を育みます。

## ❖ 足あとシール

子どもたちが並んだり、靴をそろえて置いたりすることを助けるシールです。

**8章**

人とのやりとりを育てるための教材・遊具

# 自分のものと人のものの区別ができる

## ❤ カラーマークシール

## ❀ カラーネームシール

やぶれにくい素材のシールです。

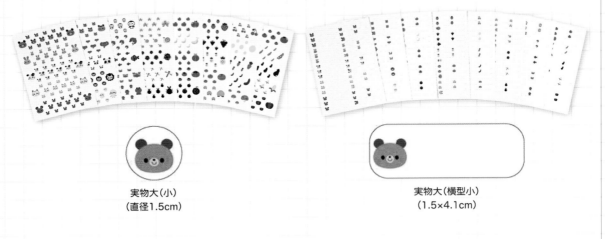

実物大（小）
（直径1.5cm）

実物大（横型小）
（1.5×4.1cm）

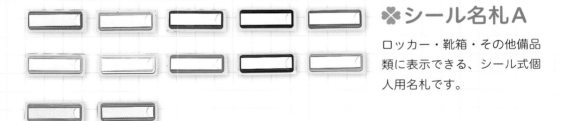

## ❀ シール名札A

ロッカー・靴箱・その他備品類に表示できる、シール式個人用名札です。

## ❀ シール名札B

左側のスペースに「ネームシールA」をはることができるので、マークと名前が同時に確認できます。

## ❀ ネームシールA

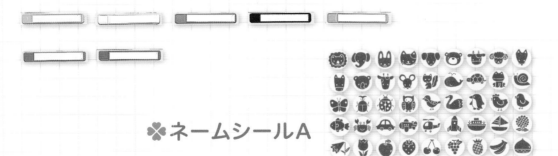

# あそびのルールがわかる

## じゃんけん勝ち負けルール表

かち　まけ　　あいこ

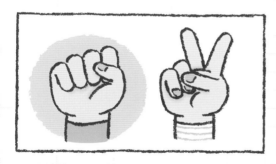 

8章

人とのやりとりを育てるための教材・遊具

# 人との距離の取り方がわかる

## 対人距離の取り方

おともだちとは

せんせいとは

てをつなぐ

てをつなぐ

すこし　はなれて　おはなし

よしよしして　もらう

## 人との距離にあった声量

5　　4　　3　　2　　1　　0

「お庭にいるお友だちを呼ぶときは5の声で」、「いつものお話のときは3の声で」、
「ないしょの話は1の声で」。

# 困ったときの対処方法がわかる

## こんなとき、どうしたらいいの？

8章

人とのやりとりを育てるための教材・遊具

# 活動の手順がわかる

## プールあそびの手順表

**1** きがえ

**2** じゅんび
たいそう

**3** あそび

**4** おかたづけ

**5** きがえ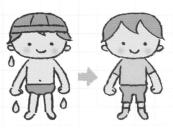

# 同じあそびを共有できる

## ❖ひもとおしたっぷり あそびセット

ひもは太・細2種類。ひもの先端が
しっかり固めてあるから、穴にとお
しやすくなっています。

## ❖Gakken ニューブロック PSボリューム セット

汽車、トラックなど、いろいろ
な形が作れます。

## ❤くねくねチューブつなぎ

チューブを伸ばしたり、縮めたり、つなげたり、
形を作ったりと、あそびが豊富です。

人とのやりとりを育てるための教材・遊具

# 会話を引き出すことができる

## バランスボール

## 糸電話

## パペット

## シャボン玉

# 友だちと交互にあそぶことができる

## ❀ソフトたこさんわなげ

難易度が違う3種類の形状の足へわなげ
ができます。室内あそびや水あそび用の
玩具としても使えます。

※ソフトわなげリングは別売りです。

## ❀ソフトわなげリング
## 9本セット

## ❀玉あて名人

専用球を的玉めがけて投げると、
ペタッとくっつきます。

## ❀ターゲットゲーム60B
## B-2216

強力マジックシートが専用ボールをしっかり
受け止めます。

# 友だちの気持ちがわかる

## ✤ いろんな顔のボード

顔のパーツをはっていくことで、人の表情と気持ちを理解する力を深めることができます。

女の子のセット内容

男の子のセット内容

## 表情カード

| | | |
|---|---|---|
| うれしい | たのしい | かなしい |
| びっくり | こまったな | おこったぞ |

# 落ち着く空間で安心できる

## ❀落ちつくパーテーション

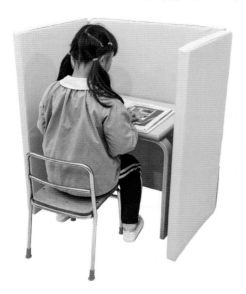

3枚の防音パネルを組み合わせ、子どもが静かに過ごせる環境を作ります。増設も簡単に行えます。

## ❀かくれんぼハウス

気持ちの調整がうまくできず感情的になったり、攻撃的になったりするなど、気持ちが複雑になる時に適したおうちです。気持ちを落ち着かせる狭い空間を作れます。

## ❀やわらか素材の仕切れるパネル

保育者から見えて、子どもからは見えない高さ120cmのパーテーションです。視界をさえぎることで、集中しやすくなります。ソフトなＥＶＡなので安全です。

8章
人とのやりとりを育てるための教材・遊具

# 感覚で安定できる

## ✿おやすみベア

気持ちよいモフモフの手触り
と適度な重さが、感情の高ぶ
りや不安をクールダウンさせ、
気持ちを落ち着かせることが
できます。

## ✿学研ふわふわかみねんど

とても軽く、製作中もべたつかず、手の汚れも
少ない新しいタイプの紙粘土です。

## ✿ボール（500個）

樹脂が厚く、じょうぶにできています。

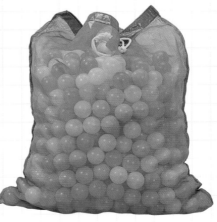

## ✿ボールバッグ（2個組）

ボールが400個くらい入ります。

# 集中することで安定できる

## ❀玉さし・ぞうけいプレート

色玉に色ひもをとおしての色分けあそびなど、豊富なあそびができます。

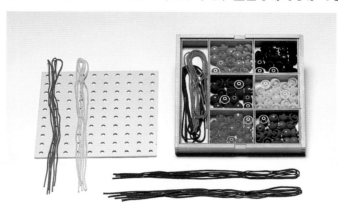

## ❀コロコロかんらんしゃ M40

ハンドルを右に回すとカラー木球を呼び込んで、拾い上げていきます。

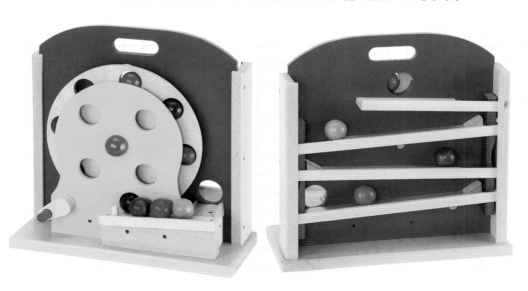

# ストレスを解消できる

## ❧プレイベース2020

倒しても起き上がります。本体は空気を入れて膨らませるので、使用後はすっきり小さく収納可能です。

# 学童期が始まる前に

## ◆ 保育者から教師へのバトンタッチ

　やがて卒園の日が訪れます。どうかかわればよいか、こんなときどう対応したらよいかを考えながら子どもたちに精いっぱいかかわった日々を経て、卒園式に幼児期の成長を支えた保育者の役割が終わります。

　子どもたちは学校教育という次のステージに進みます。そのステージでは、教師たちが子どもの成長を支えることになります。保育者から教師へ役割のバトンが渡されます。

## ◆ 幼児期の支援のまとめ

　バトンを渡す前に、幼児期のタイプ別の支援ポイントをまとめてみましょう。小学校への引き継ぎや橋渡しの参考になるかもしれません。

〈タイプ別／目標・支援のポイント〉※

| | Aタイプ | Bタイプ | Cタイプ | Dタイプ |
|---|---|---|---|---|
| やりとり | 限られている | 自分の中で完結 | 揺れ動く | 一方的 |
| 集団生活の中での子どもの主な目標 | ・集団に慣れる。<br>・集団のルールを学ぶ。<br>・友だちとのあそびを経験する。<br>・ストレス解消の時間を得る。 | ・集団の中でおだやかに過ごす。<br>・集団ルールの知識を得る。<br>・自分と友だちの関係を知る。<br>・気分転換の時間を得る。 | ・集団の中で安心して過ごす。<br>・集団状況を理解する。<br>・友だち関係を安定させる。<br>・ストレス解消の方法を得る。 | ・集団状況を認識する。<br>・集団のルールを意識する。<br>・よい友だち関係を経験する。<br>・興奮をしずめる方法を得る。 |
| 保育者の主な支援 | ・興味関心に寄り添う。<br>・周りを観察させる。<br>・声がけは短くおだやかに。<br>・ルールは個別に教える。<br>・友だち関係の仲立ちをする。<br>・個別に過ごす場所や時間をつくる。 | ・本人のペースを見守る。<br>・付き添いながら教える。<br>・声がけは短くクリアに。<br>・ルールは個別に教える。<br>・友だち関係でのふるまい方を教える。<br>・一人あそびの時間を見守る。 | ・状況に安心感を与える。<br>・周りの様子を説明する。<br>・声がけはやさしく。<br>・ルールは全体で教える。<br>・友だち関係のトラブルは手短に対処する。<br>・能力を発揮できるあそびを用意する。 | ・状況に気づかせる。<br>・タイミングで状況を示す。<br>・声がけはめりはりをもって。<br>・ルールは全体で教える。<br>・友だち関係が望ましいときによい評価をする。<br>・集中できるあそびの場や機会をつくる。 |
| キーパーソン | 興味関心に寄り添う保育者 | ペースに沿って教え導く保育者 | 気持ちを受け止めてくれる保育者 | 冷静にルールを伝える保育者 |

※この表の目標や支援は各章の項目を取り上げたものではなく、全体の内容をまとめたうえでの目標と支援になっている。

# 4タイプに共通する基本的な支援のポイント

◆支援は子どもを一般的に成長させるものではありません。一人ひとりの成長のあり方（特質）を支えるものと理解します。

◆幼児期の支援の成果は見えにくいのですが、水面下で進んでいると理解します。長い目で成長を見ていくことが大切です。

◆将来、子どもの独自性が認められ、それをいかせる芽を育むために、生き生きとあそぶこと、興味あることに集中することを見守ります。見守りは放置ではありません。見守りは大切なかかわりの一つであることを理解します。

◆子どもどうしの相互理解は、双方の意思や気持ちを代弁する仲立ちで促します。幼児期のインクルージョンの理念は、この形で行います。

◆適応しているように見えても、集団の中にいるだけで気疲れやストレスがあるものと理解します。トラブルだけがストレスの原因ではありません。それを解消する機会を子どもに与えることが大切です。

## ◆ 保育者にある期待と不安

　学校教育は、授業を中心として行事や課外活動など幅広い内容になっています。保育者は、４タイプの子どもたちが理解され、支援されて、より成長していくことを願いつつも、子どもたちのそれぞれの特質を思うと、心配になることがあるでしょう。

　学童期や思春期の子どもの問題が、頻繁にニュースになる時代です。支援が合っていたのか、十分だったのか、もっとやれることがなかったのかと、振り返ることがあるかもしれません。心身の発達を支える保育スキルと同時に、親のような愛情をもつ保育者がそのような心情になるのは、当然のことです。

　ここで視点を変えてみましょう。もっと大切な育みがあることに気づきます。

## ◆ 保育における
## かかわりがもたらす「3つのしん」

　その"育み"は、すべての子どもたち、またどの発達段階の子どもにも共通するものです。そして、人とのやりとりにおいて特質をもつ子どもたちにとって、ことさら大切なものです。それを「３つのしん」と名づけます。

　１つ目は、「安心」の「しん」です。子どもはこの世に生まれおちたときから、周囲の環境に安心感がもてることが重要です。空腹が満たされ、ほどよいぬくもりに包まれ、眠りをさまたげられることなく、危険にさらされることなく、恐怖を味わうことなく、安心・安全な環境で成長すること。しかし、４タイプの子どもたちは、その特質から環境に安心感をもち、安全でいることが難しいときがあります。

　Ｂくんを見てみましょう。大好きなものが見えると、そこが線路であろうと、水辺であろうと、どんどん近づきます。危険です！　保育者は即座に対応し、その後、危険を回避する術を少しずつ教えていきます。Ｃちゃんは、周りの刺激が入りすぎて強い緊張や恐怖を感じることがあります。そういうとき、保育者はそばにいて状況をわかりやすく話します。

　このように、保育者は子どもたちに安心・安全を保障できるように、そ

れぞれのタイプに合ったかかわりをしています。卒園に近い頃に健康でおだやかな表情が見られれば、その子たちは幼児期に「安心」が得られたことになります。

　2つ目は、「信頼」の「しん」です。生まれおちたときから、子どもは環境とやりとりを始めます。その中でも、人とのやりとりがもっとも大切なやりとりであり、やりとりから人への「信頼」が生まれます。

　4タイプの子どもたちは、この「やりとり」がうまく働きません。Aくんは見知らぬ人を受けつけにくく、また、自分の世界に介入しすぎる人をいやがります。そんなとき、Aくん自身ではなくAくんの興味やあそびに寄り添うかかわりをすると、Aくんは保育者を受け入れ、信頼するようになります。

　このように4タイプそれぞれに合ったかかわりをすることで、子どもの心に信頼の気持ちが生まれます。卒園に近い頃にクラスの中で笑顔を見せていれば、「信頼」の基盤がつくられたことがわかります。

　3つ目は、「自信」の「しん」です。環境に働きかけてそれ相応の反応があると、子どもは自己効力感（自分の力を感じる）をもちます。さらにそれを周りの人が認めると、自分について肯定的な見方ができるようになります。それが「自信」です。

　4タイプの子どもたちは、幼児期には発揮できていない力をもっていることがあります。Cちゃんは絵や粘土の製作がほめられると、ますます打ち込んですてきな作品をつくり上げます。それが自信になり、心の支えになります。Dくんはオリジナルな発想をもちやすく、また、一度何かに関心をもつと集中し、達成を遂げるポテンシャルを秘めています。その芽を認めることで、幼児期に「自信」の基盤をつくることができます。卒園に近い頃に、興味あることに集中して満足している、あるいは、保育者に自分の興味のあるものを見せに来る姿があれば、「自信」の芽が育まれたことになります。


　「3つのしん」は保育や支援する中で生まれ、子どもに「自分が大切な存在であること」を感じさせるものになります。やがて、それが学童期以降の支援を受け入れる土台になっていきます。

## ◆ 学童期・思春期に大切なもの

"安心・信頼・自信の育み"は、就学したあとも大切です。それは支援や対応によってもたらされ、またそれをもとにさらなる支援が可能になっていきます。

やがて、思春期が訪れます。思春期は子ども時代が終わりを告げ、体が大人に変わる大きな節目です。情緒不安定などの心理的な変化も起こります。それを「思春期危機」といいます。

４タイプの子どもたちの思春期危機は、特質との絡みもあってさまざまな現れ方をすることでしょう。思春期危機がより深刻になると、二次障害（不登校、非行など）を起こします。

大切なのは、思春期危機をうまく乗り越えることです。

乗り越えるための要因は、幼児期の理解と支援、学童期への橋渡し、適切な教育環境、社会的スキルの学びの機会、認められる経験、自由時間の保障、信頼できる家庭外の大人との出会い、人に助けを求めるスキルやストレス対処法の獲得などです。

## ◆ 幼児期のかかわりが根っこになる

幼児期の理解と支援は、子どもたちがその後の生活で直面する困難を乗り越えるための根っこになります。それがやがて幹となり、葉をつけ、花を咲かせるように、特質への支援と「３つのしん」の育みが続いていきます。

将来、一人ひとりが自分らしさを発揮しながら、社会を生き抜いていけるようになるためのスタートラインが、幼児期のかかわりにあるのです。

# あとがき

　通常の保育の場で、気になる子、中でも人とのかかわり方が気になる子が増えている
ようです。直接つき合う保育者からすれば、やりとりがスムーズにいかない、こう働き
かければこう応じてくれそうなのに通じない、といった感覚を抱く子どもたち。その多
くは、自閉スペクトラム症（ASD）をはじめとする、発達障がいが疑われている子ど
もたちです。

　そういう子どもをどう理解し、どのようにつき合っていけばよいのでしょうか？　人
とのかかわり方が気になる子どもを見つけるための検査（スクリーニングテスト）など
はどんどん整えられてきているのに、そこから先がない。保育者が戸惑う行動、その理
解を助けてくれるような枠組みはなかなか示されません。対応も、かかわっている一人
ひとりの保育者にお任せ状態が続いています。インクルーシブ保育の推進が言われて久
しくなりますが、そこからはまだ遠い現状があります。

　5年ほど前、仁平さんと会う機会があり、そんな話をしました。仁平さんとは出身大
学が同じで、私が少し先輩、旧知の間柄です。聞けば最近『自閉症とアスペルガー症候
群　対応ハンドブック』（著者略歴参照）を出版されたとのこと。拝見すると、これま
で仁平さんが心理専門職として相談・指導に携わり、蓄積されてきたケースをもとに、
ASDがある子どもたちへの対応法がていねいに提案されていました。幼児から中学生
までの事例を交えた実に具体的な内容でした。「これだ！」と思った瞬間です。これを
ベースに、ASDだけでなく、ADHDほか、発達障がいの診断を受けている子ども、あ
るいはまだ診断まで至らない子どもも含めて、対人関係面の育ちをサポートするための
ガイドブックはできないだろうか——。そう二人で話し合い、本書の企画がスタートし
たのです。

　中で紹介されている4タイプは、仁平さんの中ではいつ頃からか、すでに整理されて
いたようです。人とのやりとりで気になる子について日夜心を砕いて考えている保育者
には、これだけでも大助かりでしょう。タイプがある程度わかれば、どんなかかわり方
をすればよいかが見えてくるはずですから。

　企画を進める中で、私の中でさらなる考えが頭をもたげてきました。「このタイプ分
け——各タイプの特徴を記すだけで読者にわかってもらえるだろうか？　もっと簡便な
アセスメントシートのようなものが作れないか」と。

　当初この提案には、仁平さんから強い抵抗がありました。4つに分けること自体が冒
険的なことなのに、そんな指標まで作るなどとてもとても。そこからやりとりを重ね、
「参考程度ということなら」と仁平さんに譲歩してもらい、試行錯誤の末、でき上がっ

たのが本書巻末の「チェックシート」です。ここまでたどり着くのに3年かかりました。

このチェックシートは実際の使用を経たものではなく、どこまでも試作品。著者の願いとしては、本書の中で紹介した参考例を中心に、その子の傾向を見極めてほしいところでしょう。しかし、使用を経て問題があれば、修正していくだけです。すべてのことには初めの一歩があります。

示されている各タイプの「目標と支援」について。まず「目標」。仁平さんには、長期・短期目標を具体的に示してほしいとお願いしました。2009年4月に改訂・施行された「保育所保育指針」「幼稚園教育要領」以降、障がいのある幼児に対し、個別の計画を作成することが望ましいとされており、その参考になるのでは、と思ってのことです。

次に、かかわり方や支援の内容について。記されていることのすべてが大人の都合からではなく、子どもの特質にそった支援に徹していることに気づきます。そこからは、「タイプを見極めて対応を考えるということは、その子の特質を理解し、望むようなかかわり方で接するということ」という、仁平さんの一貫した信念がうかがえます。

「望むようなかかわり方では、わがままを助長し我慢のできない子になるのでは」という意見もあるかもしれません。いや、そんなことは決してない、と私に教えてくれたのは、今は亡き、児童精神科医の佐々木正美先生です。アメリカ・ノースカロライナから、TEACCH（ティーチ）というASDのための療育プログラムを日本に導入・発展させた方です。発達論がたくさんある中で、先生がもっとも影響を受けた人として挙げていたのが、アメリカの心理学者エリクソン。エリクソン（1902〜1994）は人間の発達を誕生から老年期まで8段階に分け、その時々で獲得しなければならない力を挙げています。その中で、乳幼児期、いちばん最初に獲得しておきたい力として挙げられているのは何だと思いますか？　「人に対する信頼」です。それには、安心できる環境で、子どもが望むように愛され、育てられることが何より大切なのだと佐々木先生はおっしゃっていました。人への信頼があれば、社会も世界も信頼し、自分に対する自信が育つとも。仁平さんがエピローグで書かれている「3つのしん」と、実によく重なる話です。

今回編集に携わってくれた中野明子さんには、本書の構成に貴重なアイディアを寄せていただき、文字主体の原稿をビジュアル化することに努めてくださいました。監修の立場からひと言、深甚なる謝意を表します。

本書企画・監修
中山幸夫

# 「人とのかかわり方」が気になる子の理解と支援

2023年10月3日　第1刷発行

| | |
|---|---|
| 監修者 | 中山幸夫 |
| 著　者 | 仁平説子 |

| | |
|---|---|
| 発行人 | 土屋徹 |
| 編集人 | 滝口勝弘 |
| 編　集 | 鹿内誠也　谷澤亮司 |

| | |
|---|---|
| 編集協力 | 中野明子 |
| 装丁・デザイン | 村﨑和寿 |
| カバーイラスト | 植木美江 |
| イラスト | 今井久恵　植木美江　中小路ムツヨ　野田節美 |

| | |
|---|---|
| 発行所 | 株式会社Gakken |
| | 〒141-8416　東京都品川区西五反田2-11-8 |
| 印刷所 | 株式会社　リーブルテック |

●この本に関する各種お問い合わせ先
本の内容については、下記サイトのお問い合わせフォームよりお願いします。
https://www.corp-gakken.co.jp/contact/
【書店購入の場合】
在庫については　Tel 03-6431-1250(販売部)
不良品（落丁、乱丁）については　Tel 0570-000577
学研業務センター　〒354-0045 埼玉県入間郡三芳町上富279-1
【代理店購入の場合】
在庫、不良品（乱丁・落丁）については　Tel 03-6431-1165(事業部直通)
上記以外のお問い合わせは　Tel 0570-056-710(学研グループ総合案内)

© Setsuko Nihei 2023 Printed in Japan

学研グループの書籍・雑誌についての新刊情報・詳細情報は、下記をご覧ください。
学研出版サイト　https://hon.gakken.jp/

子どもの年齢（　　歳　　か月）　男児・女児

........................................................................

### ❦ No.1

□園に来たお客さんが近づくと、とっさに目を覆う。　　　　　　（よくある　たまにある　あまりない）

□好きな活動のときにだけ部屋に入る。　　　　　　　　　　　（よくある　たまにある　あまりない）

□だれもいないホールには入るが、他児が多くいると入らない。　（よくある　たまにある　あまりない）

□近くで大人に見られたり声をかけられたりするのをいやがる。　（よくある　たまにある　あまりない）

□寄り添う特定の保育者と一緒であれば活動に入る。　　　　　　（よくある　たまにある　あまりない）

□いやなことがあると、寄り添う特定の保育者に抱っこを求める。（よくある　たまにある　あまりない）

□見慣れた他児には自分から寄っていく。　　　　　　　　　　　（よくある　たまにある　あまりない）

........................................................................

### ❦ No.2

□園に来たお客さんに関心を示さない。　　　　　　　　　　　　（よくある　たまにある　あまりない）

□集まりの意味がわからず、部屋の中をうろうろする。　　　　　（よくある　たまにある　あまりない）

□目の前に顔があると、理由なく触ろうとする。　　　　　　　　（よくある　たまにある　あまりない）

□自分から保育者や他児にかかわりを求めない。　　　　　　　　（よくある　たまにある　あまりない）

□どの保育者がかかわっても気にかけない。　　　　　　　　　　（よくある　たまにある　あまりない）

□一人あそびで満足している。　　　　　　　　　　　　　　　　（よくある　たまにある　あまりない）

□自分がしたことで、他児がいやがっているのがわからない。　　（よくある　たまにある　あまりない）

........................................................................

### ❦ No.3

□園にお客さんが来ると、気にしてじっと見る。　　　　　　　　（よくある　たまにある　あまりない）

□部屋の中では注意が散漫になるか、あるいは緊張している。　　（よくある　たまにある　あまりない）

□理由なく気分が変化する(落ち込む、たかぶる、ぼーっとする)。（よくある　たまにある　あまりない）

□保育者がいないことに気づくと、「先生どこ?」と不安になる。　（よくある　たまにある　あまりない）

□目の前にだれかいるかのように、何やら小声でつぶやいている。（よくある　たまにある　あまりない）

□他児がしかられると、自分がしかられていると勘違いする。　　（よくある　たまにある　あまりない）

□何もしてない他児に対して急に怒る。　　　　　　　　　　　　（よくある　たまにある　あまりない）

........................................................................

### ❦ No.4

□園にお客さんが来ると、興味津々の表情になる。　　　　　　　（よくある　たまにある　あまりない）

□注目を浴びたいかのように、他児と違うことをする。　　　　　（よくある　たまにある　あまりない）

□間違いを指摘すると、「これでいいの!」と怒る。　　　　　　　（よくある　たまにある　あまりない）

□やりたかった活動がなくなると、「なんでないの!」と訴える。　（よくある　たまにある　あまりない）

□一方的なおしゃべりが止まらない。　　　　　　　　　　　　　（よくある　たまにある　あまりない）

□大人びた言葉を使う。　　　　　　　　　　　　　　　　　　　（よくある　たまにある　あまりない）

□けんかすると、他児を負かすまで追いかける。　　　　　　　　（よくある　たまにある　あまりない）

# チェックシート II
## 幼児期後期（4～6歳児）用

子どもの年齢（　　歳　　か月）　男児・女児

### ◆No.1

□視線を向けると、「見ないで」と怒る。　　　　　　　　　　　　（よくある　たまにある　あまりない）
□子どもでにぎわう場所（遊戯室、ホール）をいやがる。　　　　（よくある　たまにある　あまりない）
□部屋での活動より、静かな場所で個別の活動を好む。　　　　（よくある　たまにある　あまりない）
□整列を好まず、その場でしゃがんでいるか、はみだす。　　　　（よくある　たまにある　あまりない）
□大勢の人の目が注がれる行事（発表会など）に出るのを渋る。（よくある　たまにある　あまりない）
□保育者によって行動や態度が違う。　　　　　　　　　　　　　（よくある　たまにある　あまりない）
□おだやかな他児には近づくが、強くかかわってくる他児をいやがる。（よくある　たまにある　あまりない）

### ◆No.2

□周りの視線を感じていない。　　　　　　　　　　　　　　　　（よくある　たまにある　あまりない）
□ほめてもうれしそうな表情を向けてこないか、逆に怒る。　　（よくある　たまにある　あまりない）
□みんなが話しているとき、無関係なことを突然言う。　　　　（よくある　たまにある　あまりない）
□相手に近すぎる、遠すぎるなど、ちょうどよい距離がとれない。（よくある　たまにある　あまりない）
□他児が困ることをして、その反応を楽しいあそびのように繰り返す。（よくある　たまにある　あまりない）
□あそびに他児を入れるとき、いつも同じあそび方を求める。　（よくある　たまにある　あまりない）
□キャラクターやもの（例：扇風機）の動きをそっくりまねる。（よくある　たまにある　あまりない）

### ◆No.3

□保育者のやることが気になり、ちらちら見ている。　　　　　（よくある　たまにある　あまりない）
□保育者どうしの会話に聞き耳を立て、自分のことかと気にする。（よくある　たまにある　あまりない）
□ちょっとしたことでひどく落ち込む。　　　　　　　　　　　（よくある　たまにある　あまりない）
□気がたかぶると笑っている。そのときは声がけが入らない。　（よくある　たまにある　あまりない）
□他児との会話に誇張や非現実的な願望が混じる。　　　　　　（よくある　たまにある　あまりない）
□空想の世界にいるかのように、キャラクターや動物になりきる。（よくある　たまにある　あまりない）
□ごっこあそびが現実であるかのように、他児をたたくなどする。（よくある　たまにある　あまりない）

### ◆No.4

□保育者に友だち口調で話す、または、見下した言い方をする。（よくある　たまにある　あまりない）
□質問に対して保育者が他児をあてると不満をぶつける。　　　（よくある　たまにある　あまりない）
□保育者の話をさえぎる、または、あげ足をとる。　　　　　　（よくある　たまにある　あまりない）
□注意されると、「ほかの子もやっているじゃないか」と反論する。（よくある　たまにある　あまりない）
□手伝いを頼むと、他児を押しのけてやりたがる。　　　　　　（よくある　たまにある　あまりない）
□大勢の人がいると、注目してほしいかのように興奮する。　　（よくある　たまにある　あまりない）
□他児の優位に立って仕切ってあそぶ。　　　　　　　　　　　（よくある　たまにある　あまりない）